Kohlhammer

Alissa Geisler/Clauß Peter Sajak (Hrsg.)

Digitalen Religionsunterricht entwickeln und gestalten

Das Projekt KathReliOnline

Verlag W. Kohlhammer

Diese Veröffentlichung wurde finanziell ermöglicht durch Mittel des Bistums Erfurt.

1. Auflage 2024

Alle Rechte vorbehalten
© W. Kohlhammer GmbH, Stuttgart
Gesamtherstellung: W. Kohlhammer GmbH, Stuttgart

Print:
ISBN 978-3-17-044488-1

E-Book-Format:
pdf: 978-3-17-044489-8

Inhaltsverzeichnis

Vorwort

Das Projekt *KathReliOnline* will durch *Blended Learning*, also durch einen geplanten Wechsel von Präsenz- und Selbstlernphasen, den katholischen Religionsunterricht in den Diasporagebieten Thüringens sichern und stärken. Es ist als Modellvorhaben im Schuljahr 2019/2020 auf Initiative des Bistums Erfurt gestartet und will Schülerinnen und Schülern die dezentrale Teilnahme am katholischen Religionsunterricht in einem hybriden Modus ermöglichen. Das Bistum Erfurt hat in diesem Zusammenhang die Professur für Religionspädagogik und Didaktik des Religionsunterrichts an der Katholisch-Theologischen Fakultät der Universität Münster im Frühjahr 2020 beauftragt, *KathReliOnline* über eine Dauer von zwei Jahren wissenschaftlich zu begleiten. Im Rahmen dieser Begleitung wurden die Lehrkräfte im Projekt durch eine wissenschaftliche Mitarbeiterin bei der Materialerstellung und -entwicklung unterstützt. Außerdem wurde durch die Professur in Münster eine Zwischen- und eine Abschlussevaluation des Projekts vor den Sommerferien 2021 bzw. 2022 durchgeführt, für die Schülerinnen und Schüler wie auch die Lehrenden im Projekt über ihre Erfahrungen mit diesem neuen Format des Religionsunterrichts befragt werden konnten. Die Ergebnisse der Evaluation wurden dem Kultusminister des Landes Thüringen, Helmut Holter, am 17. November 2023 auf einer Fachtagung in Erfurt übergeben.

Der hier nun vorliegende Band will sowohl die verschiedenen Teile der Evaluation dokumentieren als auch Informationen zu Geschichte und Durchführung dieses zukunftsweisenden Projekts vorhalten. Außerdem sind Experten im Bereich des digitalen Lernens zu Kommentierungen von *KathReliOnline* aufgefordert worden. Entsprechend gliedert sich unser Sammelband in zwei Teile:

Der Teil A, der mit „Dokumentation" überschrieben ist, beginnt mit einem ausführlichen Kapitel von Martin Fahnroth, dem langjährigen Leiter der Hauptabteilung Schule im Bischöflichen Ordinariat des Bistums Erfurt, in dem dieser die Geschichte des Projekts, seine Organisation und seine Verwirklichung beschreibt (1.). Es folgt der eigentliche Bericht, der die Daten der offiziellen Evaluation enthält und der noch einmal aus wissenschaftlicher Perspektive überarbeitet worden ist (2.). Die Schülerinnen und Schüler wurden im Rahmen dieser Evaluation mit einem Fragebogeninstrument zu zwei Zeitpunkten ausführlich über das Projekt befragt. Mit den beteiligten Lehrkräften wurden Interviews geführt. Interviewt wurden auch ehemalige wie aktuelle Schülerinnen und Schüler des Projekts. Die Auswertung dieser Interviews wird im folgenden Kapitel in Kürze präsentiert (3.). Es folgen zwei Kapitel, in denen die am Projekt beteiligten Lehrkräfte zu Wort kommen: So reflektiert Julia Günther, Religionslehrerin im

Projekt *KathReliOnline* wie auch Referentin am Thüringer Institut für Lehrerfort-bildung, Lehrplanentwicklung und Medien (ThILLM), die Entwicklung und Ge-staltung des Projekts aus einer medienpädagogischen Perspektive (4.). Zusam-men mit Brigitta Krause, langjährige Fachberaterin für das Fach Katholische Re-ligionslehre im Freistaat Thüringen, reflektiert sie Herausforderungen und Po-tentiale von *KathReliOnline* und entwickelt von diesen ausgehend praktische Im-pulse für die Gestaltung von Religionsunterricht in einer Kultur der Digitalität (5.). Über QR-Codes und Links kann Material aus dem *KathReliOnline*-Religions-unterricht aufgerufen und heruntergeladen werden.

Ein zweiter Teil des Buches ist mit „B. Kommentare" überschrieben. Hier haben fünf für ihre Expertise im Bereich der digitalen religiösen Bildung be-kannte Experten zum Evaluationsbericht und zu den Unterrichtsmaterialien im Projekt *KathReliOnline* Stellung genommen. Dieser Teil beginnt mit dem Kom-mentar von Martin Ostermann (München), der sich der Verortung von *KathReli-Online* im Kontext der normativen Papiere der deutschen Bischöfe zum Religi-onsunterricht widmet. Heiko Overmeyer und Daniel Meyer zu Gellenbeck (beide Münster) kommentieren im Folgenden das Projekt aus der Perspektive kirchlich Verantwortlicher für den katholischen Religionsunterricht in einem bischöfli-chen Generalvikariat bzw. Ordinariat. Diesem Beitrag schließt sich der Kommen-tar von Jens Dechow, Leiter des Comenius-Instituts, der Evangelischen Arbeits-stätte für Erziehungswissenschaft e.V. in Münster, an, der aus evangelisch-reli-gionspädagogischer Perspektive das Projekt einordnet und analysiert. Den Ab-schluss bildet der Kommentar von Matthias Cameran, der als Experte für digitale Formate und Methoden im Religionsunterricht *KathReliOnline* einer kritischen Prüfung unterzieht.

Als Herausgebende hoffen wir, dass die Veröffentlichung der Geschichte wie auch der Erfahrungen aus dem innovativen Projekt *KathReliOnline* – immerhin das einzige bistumsweit organisierte und durchgeführte Projekt eines Online-Religionsunterrichts in den Ländern und Diözesen der Bundesrepublik Deutsch-land – hilfreiche Informationen und Anregungen liefern kann, um den Religi-onsunterricht mit Blick auf die Möglichkeiten und Chancen von Hybrid- und Di-gitalformaten weiterzuentwickeln.

Wir danken allen Kolleginnen und Kollegen, die ihre Erfahrungen aus dem Pro-jekt für unseren Sammelband verschriftlicht haben, aber natürlich auch denen, die für diesen Band ihren kritischen Blick als externe Beobachter und Kommen-tatoren auf *KathReliOnline* geworfen haben. Unsere studentischen Mitarbeiterin-nen Marina Kortbusch und Judith Kuhlmann haben einige Interviews im Rah-men der Evaluation geführt, Berit Ennen hat unser Manuskript bis zur Druckle-gung sorgfältig betreut und überarbeitet – auch dafür sagen wir herzlich Dank!

Dem Bistum Erfurt danken wir zum einen für die großzügige Förderung der wissenschaftlichen Begleitung in den Jahren 2021 bis 2022 wie auch für die Übernahme der Druckkosten dieses Bandes.

Münster, Mariä Lichtmess, 2. Februar 2024

Alissa Geisler & Clauß Peter Sajak

A. Dokumentation

Zur Entwicklung von *KathReliOnline*

Martin Fahnroth

Ein Projekt wie *KathReliOnline* kann nicht eine Person allein entwickeln. Auch eine Schulabteilung, ein Bistum allein ist dazu nicht in der Lage. Das hängt zum einen an der Eigenheit des katholischen Religionsunterrichts, der immer eine gemeinsame Veranstaltung von Land und Kirche ist. Das liegt aber auch an den Arbeitsstrukturen im Bereich der Bildung, wo Projekte immer ein Ergebnis von Teamarbeit bzw. von mehreren Institutionen und Personen sind. Entscheidend für das Gelingen eines Projekts ist, dass die Akteure ziel- und konsensorientiert, partnerschaftlich und uneitel, mit Fleiß, mit persönlichem Engagement und Durchhaltevermögen zusammenarbeiten und das Projekt tatsächlich wollen. Diese Voraussetzungen waren bei *KathReliOnline* gegeben, so dass das Vorhaben erfolgreich starten konnte.

1. Der starke Nord-Osten

Die Bischöflichen Schulabteilungen und Schulträger der (Erz-)Bistümer Berlin, Hamburg, Erfurt, Dresden-Meißen und Görlitz sowie die Schulträger Berno Stiftung (Schwerin) und die Edith-Stein-Schulstiftung des Bistums Magdeburg pflegen seit vielen Jahren eine enge und intensive Zusammenarbeit. Die Zusammenarbeit in der Region Nord-Ost findet sich in vielen Bereichen der kirchlichen Strukturen der nord-ost-deutschen Bistümer wieder.[1]

Nachdem die Schulabteilungen in den neunziger Jahren mit dem grundlegenden Aufbau von Schulen und Religionsunterricht befasst waren, intensivierten die Leiter wie auch die Mitarbeiter ihre Zusammenarbeit ab den Zweitausenderjahren. Allen Ost-Bistümern mussten bei Religionsunterricht und katholischen Schulen eigene und neue Antworten gegeben werden. Die Abteilungsleiter pflegten einen intensiven und strukturierten Austausch. Aus der gemeinsamen Erfahrung der Diaspora, aus der Beweglichkeit in den Strukturen und der

---

[1] So z. B. im Bereich der Regional-KODA Nord-Ost, d. h. der Kommission zur Ordnung des Diözesanen Arbeitsvertragsrechtes in den (Erz-)Bistümern Berlin, Dresden-Meißen, Erfurt, Görlitz, Hamburg und Magdeburg.

Kleinheit der Apparate entwickelten sich die kurzen Wege und eine enge, kollegiale, ja freundschaftliche Zusammenarbeit.[2]

Der katholische Nord-Osten ist auch im Bereich Religionsunterricht durch eine intensive Konsultationskultur geprägt. Aus diesem fruchtbaren Kontext heraus haben sich die ersten Ideen für das spätere Projekt *KathReliOnline* entwickelt. So lautete ein Tagesordnungspunkt der Nord-Ost-Koleischa[3] am 12.01. 2015: „Zukunft des Religionsunterrichts in der Diaspora. Kollege Weßler aus Schwerin stellte ein Modell eines internetgestützten schulübergreifenden Unterrichts für Schüler der Oberstufe in der Diaspora vor." Vorangegangen war meine Anregung, u. a. die in anderen Zusammenhängen geäußerten Überlegungen aus der Berno Stiftung in dieser Sitzung zum Thema zu machen.[4]

Thomas Weßler beschrieb in der Dresdener Sitzung die Ausgangssituation der extremen Diaspora in Mecklenburg, die einen ordentlichen Religionsunterricht aufgrund der kleinen Schülerzahlen und des Lehrermangels kaum noch realisierbar machte. Weßler berichtete von Finnland, wo Schüler während der regulären Unterrichtszeit an Bildschirmen in den Schulen sitzen. Er formulierte die Idee, wonach Schüler über Tele-Learning zu Hause und zu Präsenzveranstaltungen in einem kirchlichen Jugendhaus mit Readern arbeiten. Bei ersten Sondierungsgesprächen stieß man mit einer solchen Idee auf Landesseite zunächst auf Wohlwollen.

In meinen Notizen stand damals: „Start 16/17 in MV?". Was Thomas Weßler also 2015 vorstellte, war eine Idee, die am Ende in Mecklenburg-Vorpommern nicht umgesetzt wurde. Dennoch war damit ein Impuls gesetzt, weiterzudenken. Wäre das etwas für Thüringen? Wie ließe es sich realisieren?

---

[2]   Ein Ergebnis im Bereich der Katholischen Schulen war beispielsweise die Entwicklung und der Aufbau der Gemeinsamen Katholischen Schulinspektion (GKSI) ab 2012.

[3]   Bundesweit sind die Schulabteilungsleiter der deutschen Bistümer in der Konferenz der Leiter der Schulabteilungen (KOLEISCHA) organisiert. Die Nord-Ost-Koleischa tagt eigenständig mehrmals jährlich.

[4]   Im November 2014 schrieb ich an die Kollegen aus Magdeburg, Schwerin und Berlin – Hamburg war damals noch nicht regelmäßiger Teilnehmer der Runde: „Ich möchte anregen, dass wir uns in der Folge der Herbst-Koleischa auf der Ost-Koleischa einmal ausführlicher mit dem Religionsunterricht in der Diaspora befassen. Wir stehen in unseren Bistümern vor einer ähnlichen Frage: Wie können wir den RU angesichts der kleinen Zahl und der großen Zerstreuung der Schüler aufrechterhalten? [...] Wir praktizieren in unserem Bistum seit Jahren das überregionale Samstagsmodell, das eigentlich für die Klassenstufen 1–6 entwickelt wurde. Thomas Weßler arbeitet an der Idee, einen überregionalen Oberstufenunterricht einzurichten. Ich könnte mir einen ähnlichen Weg vorstellen, und vielleicht für die Sekundarstufe 1 einen überregionalen RU zu entwickeln, der neben Konsultationen mit Lernplattformen und dem Internet als Kommunikationsmedium arbeitet. [...] Wenn das Fragestellungen sind, die über das Bistum Erfurt hinaus auch eure Diasporabistümer bewegen, sollten wir dann nicht einmal Zeit und Geist darauf verwenden, gemeinsam nachzudenken?"

2.   Die Idee, die richtigen Partnerinnen und Partner und ein schlüssiges Konzept

Der katholische Religionsunterricht in der Thüringer Diaspora war wegen der kleinen Zahl katholischer Schülerinnen und Schüler nach der Wiedereinführung des schulischen Religionsunterrichts Anfang der neunziger Jahre prekär. Überwiegend fand der Unterricht in klassenstufen-, schul- und schulartübergreifenden Lerngruppen am Nachmittag in den Räumen der katholischen Kirchengemeinden statt. Jahr für Jahr wurden mit den Schulämtern die Zusammensetzungen der Lerngruppen, die Gruppengrößen, die Lehrkräfte und Wochenstundenzahlen ausgehandelt.

Auch wenn sich meine ersten Überlegungen im Januar 2015 noch auf die Sekundarstufe I bezogen, erwies sich bei näherer Betrachtung die Handlungsnotwendigkeit für die Sekundarstufe II als größer. Bis zur Klassenstufe 10 gab es auch in der Diaspora mehr oder weniger arbeitsfähige Lerngruppen, so blieben oft die Schülerinnen und Schüler auf der Strecke, die anschließend weiter den katholischen Religionsunterricht besuchen wollten. Kleinstgruppen für die Oberstufe ließen sich nicht mehr einrichten, einzelne Schülerinnen und Schüler waren in der Diaspora verstreut. Die Zahl der Oberstufenschüler und -schülerinnen, die den katholischen Religionsunterricht besuchten, gingen spürbar von Jahr zu Jahr zurück. Die Idee eines Online-Religionsunterrichts konzentrierte sich also auf die verstreuten Schüler der Klassenstufen 11–12.

Eine erste Gelegenheit, die Idee eines Online-Religionsunterrichts weiterzudenken, ergab sich bei der Tagung der Fachberater und Fachleiter Mitte Februar 2015 in Erfurt. Als Gast nahm u. a. Dr. Roberto Napierski teil, der Leiter des Referats IT-Dienste im Thüringer Institut für Lehrerfortbildung, Lehrplanentwicklung und Medien (ThILLM) war. Am Rande der Tagung berichtete ich ihm von meiner Idee, den Religionsunterricht digital weiterzuentwickeln. Die Überlegungen stießen bei ihm auf offene Ohren. Digitale Technik und Pädagogik zu verbinden, war seine Hauptaufgabe im ThILLM. Zudem war er in der Leitungsebene des ThILLMs tätig. Dr. Napierski dachte praktisch und brachte eine Teilzeitstelle am ThILLM ins Spiel, mit der die Entwicklung eines solchen Projekts unterstützt werden könnte.

Schon im März 2015 tagte erstmalig eine kleine Arbeitsgruppe „Online-Unterricht in der Oberstufe" mit Dr. Napierski, Georg Funke, dem ThILLM-Referenten für den Religionsunterricht und Frau Julia Günther, einer sehr befähigten und engagierten Religionslehrerin aus der Diaspora, die ich für dieses Projekt angesprochen hatte. Die Fachberaterin für Gymnasien, Frau Brigitta Krause, war zu diesem Termin verhindert, gehörte aber fortan zum Kernteam.

In dieser und in den folgenden Sitzungen wurde im Verlauf des Frühjahrs 2015 die „Projektskizze Online-gestützter katholischer Religionsunterricht in der Thüringer Diaspora" entwickelt, in der schon sehr früh die charakteristischen Grundstrukturen dieses Projekts formuliert wurden.

Hier werden die drei Kernbestandteile des Online-Unterrichts genannt: die ortsübergreifende Konsultation (Präsenzphase), das Online-Lernen sowie die beide Phasen verbindende Zeit der Schülerselbsttätigkeit (individuelle Lernphase). Das Projekt war also vom Ansatz her eine hybride Form des digitalen Unterrichts. Neben dem Online-Lernen war also immer eine Phase der unmittelbaren Begegnung von Lehrenden und Lernenden vorgesehen. Das war für die Beteiligten wesentlich, weil gerade der Religionsunterricht vom persönlichen Austausch lebt und sich daraus entwickelt.

Gleichzeitig wurden zwei Vorbedingungen definiert: Die eine Vorbedingung war die Beachtung einer fachdidaktischen Perspektive sowohl auf den Online- als auch auf den Präsenzunterricht. Der Unterricht sollte den Schülerinnen und Schülern ein Plus gegenüber den Alternativen des Ethikunterrichts bzw. des Evangelischen Religionsunterrichts bieten. Der Online-Unterricht erforderte jedoch eine besondere Motivation auf Schülerseite. Auch sollte die Lehrkraft medienpädagogisch eigens qualifiziert sein und die Schüler und Schülerinnen nicht vor dem Endgerät allein lassen.

Die zweite Vorbedingung war, das Land als Partner der ‚res mixta' unmittelbar einzubinden. Denn es ging den Beteiligten nach wie vor um den ordentlichen Religionsunterricht, bei dem Noten gegeben werden und – wie im herkömmlichen Unterricht in der Oberstufe – auch eine mündliche Abiturprüfung abgelegt werden kann. Und selbstverständlich sollte die staatliche Schulaufsicht gewährleistet sein.

Die Idee des online-gestützten katholischen Religionsunterrichts konnte bei dem Jahresgespräch der Landesregierung mit den Kirchen und Bistümern im Mai 2015 durch Bischof Neymeyr platziert werden. Im Protokoll wurde vermerkt: „Die Idee wurde von der Landesregierung zur Kenntnis genommen und soll zur weiteren Prüfung und Klärung wesentlicher Fragen, u. a. den Datenschutz als auch den Medieneinsatz betreffend, dem Bildungsressort zugeleitet werden." Der Mitteldeutsche Rundfunk veröffentlichte eine Meldung dazu.

Innerhalb eines knappen halben Jahres hatte das Projekt also Fahrt aufgenommen. Nach diesem ersten Erfolg begannen die Mühen der Ebene.

3.   Ein Projekt für Langstreckenläufer

Das Projekt musste nun über die erste Projektskizze hinaus konkretisiert, Mitstreiter und Unterstützer mussten gefunden und das zuständige Ministerium sowie die Staatlichen Schulämter an den katholischen Online-Unterricht herangeführt werden. Rückblickend führte diese fast fünfjährige Phase einerseits zu einer deutlichen inhaltlichen Schärfung des Projekts. Andererseits brachte die lange Dauer auch Frustration und Enttäuschung über das schleppende Vorankommen. Die Arbeitsgruppe besaß jedoch den langen Atem eines Langstreckenläufers.

Nachdem das Projekt in der Presse über die Landesgrenzen hinaus bekannt geworden war, kamen Anfragen aus dem Katholischen Bibelwerk, der Evangelischen Landeskirche, von Theologie im Fernkurs und einem Schulbuchverlag. Gespräche wurden geführt, doch mussten wir auf den erst anfanghaften Entwicklungsstand verweisen.

Die Arbeitsgruppe nahm in den Folgemonaten das Thüringer Schulportal (TSP) als geeignete Plattform für die Lerninhalte in den Blick. Zu klären waren außerdem die Fragen der Beschaffung von Schülergeräten, der zu erwartenden Schülerzahlen, der Lehrkräfte und der Benotung.

Als der aufwendigste Punkt erwies sich die Entwicklung von Lehrmaterial und die Erarbeitung von Stoffverteilungsplänen. Die Lehrerinnen aus der Arbeitsgruppe, Julia Günther und Brigitta Krause, nahmen sich sehr früh dieser umfangreichen Aufgabe an. Es gab auf dem Markt praktisch keine Vorlagen. Auf der Basis des Thüringer Lehrplans entwickelten die beiden Kolleginnen Stück um Stück digitales Unterrichtsmaterial für die Thüringer Oberstufe. Für das Gesamtprojekt war dies ein absolut entscheidender Schritt und eine verdienstvolle Arbeit, weil erst so das Projekt mit Inhalt gefüllt wurde.

In Vorbereitung auf das Schuljahr 2016/17 konnte durch Dr. Napierski weitsichtig die Einrichtung einer zunächst befristeten Projektstelle zur Begleitung des Vorhabens im ThILLM vorangetrieben und schließlich zu Schuljahresbeginn durch eine Teilabordnung von Julia Günther besetzt werden. Diese Stelle war ein großer Gewinn und verschaffte dem Projekt den strategischen Vorteil einer offiziellen Anbindung an das staatliche ThILLM. Gleichzeitig standen der neuen Stelleninhaberin die fachlichen Ressourcen eines Lehrerfortbildungsinstituts zur Verfügung.

Julia Günther entwickelte das Online-Projekt an ihrer neuen Stelle konzeptionell fort. Es bekam nicht nur den neuen Namen „Reli-Online", sondern wurde stärker strukturiert und auf den Stand der aktuellen wissenschaftlichen medienpädagogischen Diskussion gebracht. Diese starke Profilierung des Online-Projekts wird im Folgenden in einer Präsentation von Julia Günther aus dem Oktober 2016 vor der Arbeitsgruppe exemplarisch deutlich.

Unter dem Stichwort *blended learning* wurden die Präsenz- und die Onlinephase strukturiert. Das Zeitmanagement wurde mit 40% für die Präsenz-Phasen und 60 % für die Online-Phasen festgelegt. Das Verhältnis beider Phasen zueinander bestimmte Julia Günther so:

–   Präsenz- und die Online-Phase ermöglichen jeweils Lernen, bedingen einander und bauen aufeinander auf (s. Stoffplanung)

- Online-Phase dient nicht ausschließlich der Vorbereitung der Präsenz-Phase
- zusätzliche Online-Kommunikationszeit
- „Lernaufgaben" sollen den Lernprozess aktivieren und Zusammenhänge erfahrbar werden lassen
- „Lernaufgaben" dienen nicht ausschließlich der Lernerfolgskontrolle, sondern unterstützen den Lernprozess im virtuellen Raum

Die Diskussion um das Verhältnis beider Phasen zueinander wurde im Verlauf der Projektentwicklung immer wieder neu ermittelt und in der Corona-Zeit, wie unten beschrieben, neu justiert.

Julia Günther stellte unterschiedliche Modelle der Präsenzphase mit Veranstaltungen in der Woche oder an Wochenenden vor. Die Schwerpunkte der Online-Phase skizzierte sie folgendermaßen:

- Wissenserwerb, Vertiefung und Anwendung durch authentische Lernmaterialien, motivierende Lernumgebung und kooperative Elemente
- Inhalt/Content entsteht auf der Grundlage der Stoffpläne
- Schülerinnen und Schüler als aktiv Handelnde → Interaktion
- Lehrkraft wird nicht ersetzt, sondern ist Teil der virtuellen Lernumgebung (persönlicher Austausch durch Kommunikationswerkzeuge)

Mit der Methodik des Online-Unterrichts befasste sie sich eingehender. Sie sah den Schüler oder die Schülerin als aktiv Handelnden bzw. Handelnde, so dass zur Erarbeitung folgende Lerntools und Methoden bereitstehen sollten:

- Erklärfilme, Tutorials
- Podcasting
- E-Portfolio
- Blog, Chat, Diskussionsforen, Twitter
- Präsentationen
- Lernplakate
- Bildanalyse
- Textanalysen
- Mindmap
- interaktive Lernsoftware

Günther zeigte dann, wie das Lernmaterial konkret aufbereitet wird:

- Einteilung in Lernräume
  a)   am Anfang: Einführungstext mit Zielbeschreibungen
  b)   am Ende: Zusammenfassung der Lerneinheit
- Zudem: Glossar; Methodenraum mit Beispielen
- Aufbau des Kurses:
  a)   Einstieg:
       Lernstanderfassung/Hinführung/Motivation

b) Erarbeitung:
   Aufgabenstellungen darbietend, problemorientiert oder explorativ
   Videoteaching/Podcast; Lehrbuch; Recherche
c) Festigung:
   Interaktive Auseinandersetzung
   Blog/Chat
   Informationssammlung
d) Anwendung:
   Übertragung / AFB III

Neben der konzeptionellen Arbeit am Projekt sollte es auch administrativ voran-
gehen. Die anfängliche Hoffnung, schon zum Schuljahr 2016/17 mit dem Projekt
zu starten, erwies sich als zu ehrgeizig. Terminvereinbarungen mit dem Bildungsministerium zogen sich bis ins Frühjahr 2017. Die Frage der Schülerbeför-
derung zu den Präsenztreffen war weiterhin ungeklärt.

Das Bistum sagte gegenüber dem Ministerium eine technische Ausstattung
der Schülerinnen und Schüler zu, denn eine finanzielle Beteiligung von Land
oder Kommune an der Beschaffung der Schülergeräte erschien von vornherein
aussichtslos. Im Februar 2017 stellte Generalvikar Raimund Beck beim Bonifatiuswerk einen Antrag auf Unterstützung für den Kauf von Endgeräten. Das Bonifatiuswerk bewilligte im Juli 2017 10.000 € aus den Mitteln der Franz-von-Sales-
Stiftung, so dass die notwendigen Tablets zum späteren Projektstart für Schülerinnen und Schüler und Lehrkräfte als Leihgeräte gesichert waren und beschafft
werden konnten.

Auch wenn das Projekt in der Öffentlichkeit einem begrenzten Kreis bekannt war, sollte nun in Abstimmung mit dem Ministerium und dem Staatlichen
Schulamt Südthüringen die Werbung um die Schüler und Schülerinnen beginn-
nen. Auf zahlreichen Dekanatskonferenzen und Besuchen vor Ort sowie auf der
Bistumswallfahrt wurde im Frühjahr und Sommer das Projekt präsentiert. Frau
Günther entwickelte im Frühjahr 2017 kleine Handzettel, die insbesondere in
den Gemeinden verteilt wurden. Dort erschien erstmals der neue Name *KathReliOnline*. Eine eigene Homepage wurde im Juli 2017 freigeschaltet, auf der sich
interessierte Schüler und Schülerinnen über das Projekt informieren konnten.

Zu dieser Zeit war der Plan, zum Schuljahr 2017/18 im Schulamtsbereich
Südthüringen zu starten. Um eine größere Schülerzahl zu erreichen, beschlos-
sen wir jedoch, das Projekt auf andere Diasporagebiete in Thüringen zu erweitern und zum Schuljahr 2018/19 mit der Klassenstufe 11 zu beginnen.

Im Oktober 2017 begann eine Gesprächsserie mit der Arbeitsebene des Thüringer Bildungsministeriums, die sich über drei Jahre hinziehen sollte und in der
noch einmal ganz grundsätzlich und neu das Thema Online-Unterricht angegangen wurde. Dieser insgesamt nicht einfache Prozess bedeutete einerseits für das

Konzept eine inhaltliche Präzisierung, andererseits auch eine erhebliche Durststrecke mit Enttäuschungspotential. Die markanten Punkte in diesen Jahren waren jeweils die Gesprächstermine im Ministerium.

Schon der Auftakttermin ließ einen nicht einfachen Diskussionsverlauf für die Zukunft erkennen. Da das Projekt für den Oberstufenunterricht angelegt und Religion damit ein abschlussrelevantes Fach war, erkannte das Ministerium die Notwendigkeit, einen Schulversuch bei der KMK zu beantragen. Damit müssten Schulträger, die Schulkonferenzen, Landeseltern- und Landesschülervertretungen beteiligt werden. Der Schülertransport wurde weiterhin als offene Frage markiert. Das Konzept sollte noch einmal gründlich erarbeitet werden, eine wissenschaftliche Begleitung wurde erneut gefordert.

Ein neuer Diskussionspunkt waren die Mindestschülerzahlen für den Projektstart. Aufgrund der Ungewissheit über den tatsächlichen Projektstart konnten wir nur wenige Schüler nennen. Es waren im Wesentlichen die, die Frau Günther in ihrer eigenen Unterrichtsgruppe hatte. Um die Werbephase zu verlängern, wurde der mögliche Start auf das Schuljahr 2019/20 verschoben und das Projekt auf die Klassenstufen 9/10 ausgedehnt. Im Herbst 2018 wandte sich Bischof Neymeyr in einem Brief an die Schüler der Jahrgangsstufen 9-12 in der Thüringer Diaspora des Bistums Erfurt.

Inhaltlich wurde das Konzept durch einen geänderten Ansatz optimiert. Unter der Bezeichnung „KathReliOnline light" justierte Julia Günther das Projekt noch einmal neu. Damit sollten auch Bedenken aus dem Ministerium minimiert und ein aufwendiger Schulversuch vermieden werden. Sie schrieb in einem Arbeitspapier:

> Genau wie in der ‚Vollversion' erhalten die Schülerinnen und Schüler die Aufgaben auf einer Lernplattform. Jedoch arbeiten sie nicht zeit- und ortsunabhängig, sondern in der Schule, parallel zu laufenden Kursen des Katholischen Religionsunterrichts am Nachmittag bzw. während der Ethikstunden/des evangelischen Religionsunterrichts der entsprechenden Jahrgangsstufe. So ergeben sich feste Unterrichtszeiten, die für die Kursbegleitung und die Kursorganisation ebenfalls eine feste Struktur ermöglichen. Arbeitsergebnisse können so zum Beispiel direkt nach der Bearbeitung abgesendet werden, so dass der ‚Online-Lehrer' das Stundenergebnis jedes einzelnen Schülers beurteilen kann. Feste Online-Zeiten der Schüler ermöglichen zudem eine synchrone Kommunikation mit der ‚Online-Lehrkraft' bzw. der Lehrkraft vor Ort, so dass Fragen und Probleme geklärt werden können. *KathReliOnline* ‚light' hat zum Ziel, die Eigenverantwortlichkeit und Selbstständigkeit der Schülerinnen und Schüler weiterzuentwickeln und die Bedenken bezüglich ort- und zeitunabhängiger Lernprozesse nach und nach zu minimieren.

Mit diesem Schritt einer stärkeren Dezentralisierung wurden die ministeriellen Bedenken gegen einen Unterricht in den abschlussrelevanten Klassenstufen 11/12 allerdings nicht ausgeräumt. Das Ministerium steuerte also auf einen Start nur mit den Klassenstufen 9/10 zu. Das bedeutete zum einen eine Abkehr von der Projektidee eines Online-Unterrichts für die Oberstufe, zum anderen mussten nun die Lernmaterialien für 9/10 erarbeitet werden. Gerade an dieser weiteren Erarbeitung zeigt sich ein weiteres Mal der hohe persönliche Arbeitseinsatz von Julia Günther und Brigitta Krause.

Am Ende einigten sich Ministerium und Bistum auf eine Kompromissformel, wonach das Projekt auf die Klassenstufen 11/12 ausgedehnt würde, wenn sich genügend Schülerinnen und Schüler fänden.

Im Frühjahr 2019 legte das Ministerium der Arbeitsgruppe einen umfangreichen Fragenkatalog mit zahlreichen Unterpunkten zu Klassen- und Gruppenbildung, zur Unterrichtsorganisation, zu Unterrichtsort und -gestaltung, zur technischen Ausstattung, zu Leistungsnachweisen und zur Aufsichtspflicht vor. Nachdem die Beantwortung des Fragenkatalogs das Ministerium noch nicht zufriedenstellte und die Arbeitsebene den Projektstart zum Schuljahr 2019/20 wiederum in Frage stellte, setzte das Bistum *KathReliOnline* auf die Tagesordnung des Jahresgesprächs des Ministerpräsidenten mit den Bischöfen Anfang Juni 2019.

Als sich Ministerpräsident Ramelow in diesem Gespräch ausdrücklich für das Projekt und seinen Start zum Schuljahr 2019/20 positioniert hatte[5], waren die Türen für den Schritt in die Praxis endlich aufgestoßen. Das Projekt konnte in den Klassenstufen 9–12 implementiert werden. Zwischen Bistum und Bildungsministerium wurde u. a. verabredet, dass *KathReliOnline* als „Projekt zur Schulentwicklung in Trägerschaft des Bistums Erfurt in Zusammenarbeit mit dem ThILLM" beim Bildungsministerium offiziell beantragt wurde. Für die technischen Voraussetzungen hatte das Bistum zu sorgen. Eine wissenschaftliche Evaluation sollte das Projekt begleiten.

Die offizielle Genehmigung des Starts zum 01.08.2019 erfolgte Ende Juli 2019 für die Klassenstufen 9/10. Die Klassenstufen 11/12 blieben für das Ministerium jedoch weiterhin ein Problem. In der letzten Sitzung vor der Corona-Pandemie Mitte März 2020 stellte man seitens des Ministeriums fest, die Schülerinnen und Schüler könnten ihre Note in Katholischer Religionslehre wohl in das Abitur einbringen, aber das Ablegen einer mündlichen Abiturprüfung im Fach KR sei problematisch. Man stellte eine Klärung innerhalb der nächsten ein bis zwei Jahre in Aussicht.

Zum Schuljahresbeginn 2019/20 wurde der Unterricht für 13 Schülerinnen und Schüler der Klassenstufen 9/10 in drei Lerngruppen aufgenommen. Die beiden staatlichen Lehrkräfte Julia Günther und Brigitta Krause sowie als Gestellungskraft Kaplan Philip Waschnig-Theuermann übernahmen den Unterricht.

---

[5]   Siehe hierzu auch: Katholisch.de (Hg.) (2023): „KathReliOnline" ist Modellprojekt des Bistums Erfurt. Bodo Ramelow will zügige Umsetzung von Online-Religionsunterricht. Online verfügabr unter: https://www.katholisch.de/artikel/21889-bodo-ramelow-will-zuegige-umsetzung-von-online-religionsunterricht. (Zuletzt geprüft am 15.08.2023).

4.   Die virologische Wende

So tragisch die Corona-Pandemie im Hinblick auf die zahlreichen Krankheits- und Sterbefälle war, so nachhaltig negativ sich die sozialen Einschränkungen für Millionen von Schülern auswirkten, so war die Pandemie für das Projekt *KathReliOnline* eine Bewährungsprobe und eine Bestätigung.

Im Kern waren alle Instrumente eines Online-Unterrichts vorhanden und arbeitsfähig: Motivierte und sachkundige Lehrkräfte, Stoffverteilungspläne, digitale Unterrichtsmaterialien, eine funktionierende Lernplattform, funktionstüchtige, administrierte Schüler- und Lehrergeräte, eine gesicherte Datenübermittlung und die gegenseitige Erreichbarkeit von Schülerinnen und Schülern und Lehrkräften.

Während sonst im digital ohnehin weit zurückliegenden Deutschland in kurzer Zeit eine Infrastruktur für den Distanzunterricht aufgebaut werden musste, konnte der Unterricht im Projekt ohne Unterbrechung und auf hohem Niveau fortgesetzt werden. Einzig wurden aus den Präsenzterminen nun Online-Veranstaltungen. Hierfür fand Julia Günther den sprechenden Begriff der „virtuellen Präsenz". Im persönlichen Gespräch sagte ein Lehrer, der die Entwicklung von *KathReliOnline* aus der Nähe verfolgt hatte, Ende März 2020: „Wir haben in diesen zwei Wochen der Corona-Krise bei Schülern, Eltern und Lehrern so viel erreicht, wofür wir sonst zwei Jahre gebraucht hätten."

Dieser Vorsprung von *KathReliOnline* wurde in einer Pressemeldung des Bistums vom 01.04.2020 unter der Überschrift „Das *KathReliOnline*-Projekt – Ein Vorbild für den digitalen Unterricht aus Thüringen" so formuliert:

> Ein Ende der Corona-Krise ist nicht absehbar. Aber dem Thüringer Schulprojekt *KathReliOnline* kann man jetzt schon das Prädikat „krisenbewährt" verleihen. Der seit Beginn des laufenden Schuljahres im Rahmen des Projekts erteilte katholische Religionsunterricht musste virusbedingt nicht ausfallen. Er fand statt. Und von den Erfahrungen, die mit *KathReliOnline* gemacht wurden, können andere Unterrichtsfächer in Corona-Zeiten profitieren. Mit der Schließung der Schulen und der Verlegung von Lehren und Lernen ins Internet, mussten sich schließlich alle Lehrkräfte mit Fragen herumschlagen, wie etwa der Kontakt mit den Schülern zu halten ist, wie man passende Aufgaben formuliert und den Lernerfolg kontrolliert. Die Antworten liefert *KathReliOnline*, ein gemeinsames Schulprojekt des Bistums Erfurt und des Freistaates Thüringen.[6]

---

[6]   Siehe Bistum Erfurt (Hg.) (2020): Das KathReliOnline-Projekt. Online verfügbar unter: https://www.bistum-erfurt.de/presse_archiv/nachrichtenarchiv/detail/das_kathrelionline_projekt/. (Zuletzt geprüft am 16.08.2023).

Auf diese Pressemeldung wurden auch überregional Redakteure aufmerksam, und in Interviews und Zeitungsartikeln wurde *KathReliOnline* öffentlich als beispielhaft für den digitalen Unterricht dargestellt.[7]

In einem Schreiben des Bildungsministeriums vom Juni 2020 wurde *KathReliOnline* nun offiziell für die Klassenstufen 11/12 ausgeweitet und die Möglichkeit einer mündlichen Abiturprüfung eröffnet. Von der Durchführung eines Schulversuchs wurde Abstand genommen.

In einem weiteren Schriftwechsel zwischen Bistum und Bildungsministerium Ende 2021/Anfang 2022 wurde der Aufnahme von Schülerinnen und Schülern der Klassenstufen 7/8 in Ausnahmefällen zugestimmt und die Teilnahme aus Berufsbildenden Schulen bestätigt. Die Teilnehmendenzahlen stiegen in den folgenden Schuljahren weiter an. Waren es zum Projektstart 2019/20 noch 13 Schüler und Schülerinnen, so wurden in den Schuljahren 2020/21 und 2021/22 insgesamt 26 unterrichtet. Im Schuljahr 2022/23 waren 35 Schüler und Schülerinnen über drei Lerngruppen verteilt.

In den folgenden Gesprächsgängen des Bistums mit dem Ministerium wurden im Lauf der ersten Jahreshälfte 2023 die noch offenen Fragen von Notengebung und Prüfungen sowie die Dienstreisen der Lehrkräfte zu ihren Unterrichtsgruppen als auch die Frage von Schülergeräten, Präsenztagen der Lerngruppen und die Fahrten dorthin angegangen.

Im Herbst 2022 unternahmen die Fraktionen des Thüringer Landtags den gesetzgeberisch bisher aufgrund mangelnder Mehrheit nicht umgesetzten Versuch, das Thüringer Schulgesetz zu novellieren.[8] Im Gesetzentwurf der Regierungsparteien Linke, Grüne und SPD sollten Präsenz- und Distanzunterricht ausdrücklich verankert werden.[9] Das war natürlich eine Antwort auf die Erfahrungen während der Pandemie. Als Bistum sahen wir insbesondere in den beiden folgenden Passagen des Entwurfs eine rechtlich eindeutige Öffnung und positive Klärung des Schulgesetzes für Unterrichtsformen wie *KathReliOnline*:

> Distanzunterricht kann stattfinden, wenn [...] das zuständige Staatliche Schulamt diesen anstelle des Präsenzunterrichts in einem sonstigen besonderen Bedarfsfall zur Erhaltung erreichter Lernstände und zur Vermittlung neuer Lerninhalte genehmigt.
> [...]

---

[7] Domradio (Hg.) (2020): Digitalisierung in der Schule ist kein „Allheilmittel". Online unter: https://www.domradio.de/audio/ein-interview-mit-martin-fahnroth-leiter-der-schulabteilung-im-bistum-erfurt-0. (Zuletzt geprüft am 15.08.2023).

[8] Thüringer Landtag (2022): Landtagsdrucksache 7/6573. Online verfügbar unter: https://beteiligtentransparenzdokumentation.thueringer-landtag.de/7-6573/. (Zuletzt geprüft am 06.02.2024).

[9] „Unterricht wird in der Regel als Präsenzunterricht erteilt. Abweichend von Satz 1 kann Unterricht auch in räumlicher Trennung von Lehrern und Schülern stattfinden (Distanzunterricht). Distanzunterricht soll unter Einsatz von digitalen Lehr- und Lernmitteln in digitaler Lernumgebung durchgeführt werden." Ebd. S. 11.

Das für Schulwesen zuständige Ministerium kann zur Umsetzung pädagogischer Konzepte das Nähere zum Distanzunterricht nach Absatz 1 Satz 2, insbesondere für bestimmte Schularten, Schulformen, Klassenstufen und Schülergruppen sowie zum Umfang des Distanzunterrichts in Bezug auf den festgelegten Stundenumfang der jeweiligen Stundentafel, durch Rechtsverordnung regeln.[10]

5.   Überdiözesan angebunden

Von Beginn an war es dem Bistum Erfurt wichtig, dieses Projekt offen und transparent in die überdiözesane und religionspädagogische Öffentlichkeit hinein zu kommunizieren und für das Anliegen zu werben. So wurden die Mitarbeiter des Bereichs Glaube und Bildung der Deutschen Bischofskonferenz regelmäßig über den Projektfortschritt informiert. Die überregionale Konferenz der Leiter und Leiterinnen der Schulabteilungen der deutschen Diözesen (KOLEISCHA) wurde ebenso über den aktuellen Stand auf dem Laufenden gehalten. Das jährlich stattfindende Arbeitsforum für Religionspädagogik hatte 2020 das Thema „Religiöse Bildung und Digitalisierung". Dort stellte Julia Günther unter dem Titel „KathReliOnline – Neues wagen! Religionsunterricht 4.0" der religionspädagogischen Community das Projekt vor.

Im Frühjahr 2021 wurde das Projekt im Rahmen einer Videokonferenz der Kommission Erziehung und Schule der Deutschen Bischofskonferenz (K VII) ausführlich erläutert.

6.   Wissenschaftlich begleitet

Eine wissenschaftliche Begleitung von *KathReliOnline* stand schon zu einem sehr frühen Zeitpunkt der Entwicklung des Online-Unterrichts im Raum. Die Beteiligten waren sich einig, dass eine solche externe Begleitung das Projekt inhaltlich schärfen, aber auch nach außen hin stärken würde. Ziel dieser Begleitung war es, das Projekt auf solide Füße und das bereits entwickelte Konzept aus unabhängiger Sicht begleiten, analysieren und reflektieren zu lassen. Konkret ging es um den Anspruch, sich sowohl auf dem aktuellen religionspädagogischen als auch auf dem neuesten mediendidaktischen Niveau zu bewegen. Insofern bedeutete es für die Projektbeteiligten auch keine Hürde, als das Ministerium schon im ersten Gespräch 2017 eine solche wissenschaftliche Begleitung forderte.

---

[10]   Ebd. S. 11f.

Eine Besonderheit des Projekts bestand aus wissenschaftlicher Perspektive darin, dass es ein solches Unterrichtsmodell in der deutschsprachigen religionspädagogischen Landschaft noch nicht gab. So leisteten nicht nur die Projektbeteiligten in Thüringen, sondern auch die wissenschaftliche Begleitung Pionierarbeit.

Nachdem auf Anfrage vom Lehrstuhl für Religionspädagogik der Katholisch-Theologischen Fakultät der Universität Erfurt eine Absage in dieser Richtung kam, fiel die Wahl auf den Religionspädagogen Prof. Dr. Clauß Peter Sajak vom Institut für Religionspädagogik und Pastoraltheologie der Katholisch-Theologischen Fakultät der Universität Münster. Zu seinem Institut bestanden bereits Kontakte. Anlässlich einer Religionslehrerfortbildung im März 2017 in Heiligenstadt konnten erste Absprachen getroffen werden. Eine ursprünglich vorgesehene weitere wissenschaftliche Begleitung durch einen Mediendidaktiker einer Sächsischen Hochschule wurde am Ende nicht umgesetzt.

Nach einer entsprechenden Vereinbarung zwischen Bistum und Lehrstuhl wurde der Untersuchungszeitraum von Oktober 2020 bis Oktober 2022 vereinbart.

So lagen im Herbst 2022 die Ergebnisse der wissenschaftlichen Begleitung schriftlich vor.[11] Der Evaluationsbericht wurde im Rahmen der bundesweiten KOLEISCHA, die im November 2022 in Erfurt tagte, im Beisein von Bildungsminister Helmut Holter, der Leiter der fünf Staatlichen Schulämter, zwei Schülerinnen aus dem Projekt sowie Frau Krause und Frau Günther durch Herrn Prof. Sajak und seine Mitarbeiterin Frau Geisler der Öffentlichkeit vorgestellt.

Für alle Projektbeteiligten war dieser Tag ein großer Erfolg. Der Bildungsminister fand sehr anerkennende Worte für *KathReliOnline* und stellte es als exemplarisch für den modernen digitalen Unterricht dar.[12]

---

[11] Vgl. u. a. Geisler, Alissa/Sajak, Clauß Peter (2024): Das Projekt KathReliOnline. Eine religionspädagogische Evaluation. In diesem Band, S. 29–63.

[12] „Holter würdigte besonders, dass die Erfahrungen mit dem Projekt, dessen Unterrichtsphase seit drei Jahren läuft, auch für andere schulische Online-Formate relevant seien. Der Religionsunterricht ist dem Minister wichtig, weil er einen Beitrag zur individuellen Entwicklung der Schülerinnen und Schüler, aber auch für den Zusammenhalt der Gesellschaft leiste. Dass es in der DDR das Unterrichtsfach Religion nicht gegeben habe, habe er immer als „Defizit" betrachtet, sagte Holter." Weidemann, P. Auch für andere schulische Online-Formate relevant. Thüringer Bildungsminister Holter freut sich über den erfolgreichen Start von KathReliOnline, Pressemeldung des Bistums vom 17.11.2022. Siehe https://www.bistum-erfurt.de/presse_archiv/nachrichtenarchiv/detail/auch_fuer_andere_schulische_online_formate_relevant/, abgerufen am 16.08.2023.

7.   Administration kostet

Da die staatliche Seite sehr früh signalisiert hatte, nicht für die technische Ausstattung der Religionsschüler und -lehrkräfte aufkommen zu wollen, lag die Administration der Lehrer- und Schülergeräte allein beim Bistum Erfurt. Alle Geräte sind Leihgeräte und werden gegen einen Nutzungsvertrag den Teilnehmerinnen und Teilnehmern wie den Lehrkräften überlassen. Da über die Bistums-
schulen eine Infrastruktur zu IT-Firmen vorhanden war, konnte hier angeknüpft
werden. Das Bistum hat einen mittleren fünfstelligen Betrag für die Administration investiert. Dazu zählt nicht nur die Beschaffung der Geräte, die über die vom
Bonifatiuswerk finanzierten hinausging. Weitere Kosten entstanden für die Ge-
räteversicherung und die regelmäßige Geräteadministration, wenn die Teilnehmerinnen und Teilnehmer den Kurs verließen und das Gerät an das Bistum zu-
rückging. Fast die Hälfte der Kosten wurde durch die Datenverbindungen über
die eingebauten SIM-Karten verursacht. In den ersten Jahren des Projekts war
die Nutzung einer SIM-Karte unerlässlich, weil vielen Schülerinnen und Schülern in ihren Schulen kein WLAN zur Verfügung stand. Nachdem die
Digitalisierung an Thüringer Schulen auch infolge des Digitalpakts vorangekom-
men ist, werden die bistumsfinanzierten SIM-Karten ab dem Schuljahr 2023/24
abgeschaltet.
    Insgesamt war die Summe aber eine sinnvolle Investition des Bistums, ohne
die das Projekt nicht umsetzbar gewesen wäre.

8.   Resümee, Ausblick und Dank

Der langwierige Diskussionsprozess mit der öffentlichen Bildungsverwaltung
um *KathReliOnline* war zum einen von der sicher berechtigten Sorge um schulische Bildung im Rahmen der gesetzlichen Vorgaben getragen. Zum anderen
wurden aber auch immer wieder Misstrauen bis Ablehnung gegenüber digitalen
Lernformen deutlich. Da brachte Corona wirklich einen positiven Schub für moderne digitale Unterrichtsformen, der *KathReliOnline* gewissermaßen in die Kar-
ten spielte.
    KathReliOnline ist heute auf dem Stand, auf die besondere Herausforderung
für Religionsschülerinnen und -schüler in der Diaspora mit einem qualifizierten
und attraktiven Unterrichtsangebot für die Klassenstufen 8–12 zu reagieren. Die

35 Schüler und Schülerinnen in der Diaspora, die im Schuljahr 2022/23 an *Kath-ReliOnline* teilnahmen, hätten ohne das Projekt auf den katholischen Religionsunterricht verzichten müssen.[13]

Das sind für andere mehrheitlich katholische Regionen Deutschlands vielleicht keine bedeutsamen Größenordnungen. Für das Bistum Erfurt mit einer großen Diaspora rechtfertigen diese konkreten Schüler und Schülerinnen das hohe Maß der Anstrengungen um die Realisierung des Projekts. Das Bistum Erfurt kann damit den Schülerinnen und Schülern selbstbewusst „den Glauben anbieten" und muss nicht angesichts kleiner Zahlen kapitulieren.

Man könnte angesichts des konfessionsübergreifenden Christlichen Religionsunterrichts in Niedersachsen oder des neuaufgelegten religionsübergreifenden Religionsunterrichts für alle (RUFA 2.0) in Hamburg eine gewisse Unzeitgemäßheit des konfessionellen Modells *KathReliOnline* annehmen. Doch das wäre zu einfach gedacht. Immerhin waren unter den Absolventinnen der ersten mündlichen Abiturprüfung des Kurses von Brigitta Krause neben einer katholischen auch eine evangelische und eine konfessionslose Schülerin.

In den vergangenen Jahren wurde der konfessionelle Religionsunterricht in den einzelnen Ländern und Bistümern durch die äußeren Bedingungen verändert. Gegenüber einer Einheitlichkeit treten also immer mehr regionale Modelle in Erscheinung. Mit *KathReliOnline* liegt also nicht nur eine weitere lokale Variante des katholischen Religionsunterrichts vor, sondern auch ein Projekt für einen modernen Religionsunterricht mit Modellcharakter für andere Diasporaregionen Deutschlands. Gern teilen wir die Thüringer Erfahrungen.

Eingangs wurde *KathReliOnline* als ein Gemeinschaftswerk vieler beschrieben. Konkret und an erster Stelle ist Julia Günther zu danken, die sehr viel Herzblut, Fantasie, die neuesten mediendidaktischen Erkenntnisse, pädagogisches Augenmaß, religionspädagogischen Sachverstand und ein unerschütterliches

---

[13]   Brigitta Krause unternahm mit ihren *KathReliOnline*-Schülerinnen im Juli 2022 eine Fahrt nach Erfurt. In einem Gespräch mit Vertretern des Bistums berichteten die Schülerinnen von ihren Erfahrungen im Unterricht. In der katholischen Wochenzeitschrift Tag des Herrn erschien dazu ein Artikel. Dort heißt es u. a. „Drei Schülerinnen – Lilli, Lea (beide aus Bad Salzungen) und Luisa aus Sömmerda, für die mit dem Ablegen des Abiturs die Schulzeit und damit auch *KathReliOnline* zu Ende gegangen ist – erzählen von ihren Erfahrungen. Ein erstes Fazit lautet: „Wir würden uns wieder dafür entscheiden." Sie hätten viel intensiver gelernt, erzählen sie. Im normalen Schulunterricht sitzt man und hört zu; bei *KathReliOnline* musste man sich selbst aktiv vorbereiten. Sie lobten die gut organisierten und strukturierten Lernaufgaben und die kleinen Projekte, die sie durchzuführen hatten. Sie erstellten Podcasts und Flyer, drehten kleine Videos und erstellten anderes Bildmaterial. Man bekommt keinen Themeninhalt vorgesetzt, sondern muss ihn sich selbst erarbeiten. Wobei bei Fragen die jeweilige Lehrkraft unterstützte und man sich auch mit den anderen austauschen konnte. Neben dem, was sie inhaltlich lernten, haben sie, so sagen sie, Medienkompetenz erworben und Zeitmanagement gelernt. Das kommt ihnen jetzt auf ihrem weiteren (Aus-)Bildungsweg zugute. Wilke, A., Eine neue Art des Lernens, in TdH 27/2022 vom 10.07.2022, S. 15.

Durchhaltevermögen verbunden mit einer hohen kommunikativen Kompetenz und einer unendlichen Geduld eingebracht hat. Brigitta Krause hat sich in Sichtweite ihres Ruhestands mit aller Kraft und reicher Berufserfahrung auf das Projekt eingelassen und hat mit Julia Günther gemeinsam das Unterrichtsmaterial entwickelt und *KathReliOnline* in der Praxis erprobt und nachgesteuert. Ohne diese beiden Religionslehrerinnen gäbe es heute kein *KathReliOnline*. Beiden einen ganz besonderen Dank!

Bischof Neymeyr und Generalvikar Beck haben *KathReliOnline* für das Bistum Erfurt schon zu einem sehr frühen Zeitpunkt ideell und auch mit Bistumsmitteln unterstützt. Zu danken ist weiterhin dem Leiter des Katholischen Büros Dr. Claudio Kullmann und meiner Mitarbeiterin Veronika Wenner, die immer stärker in die Administration und die Inhalte des Projekts eingestiegen ist. Ausdrücklich ist auch den Religionslehrkräften zu danken, die nun schon im vierten Schuljahr eine Unterrichtsverpflichtung übernommen haben.

Die Wissenschaftliche Begleitung lag bei Prof. Clauß Peter Sajak und seiner Wissenschaftlichen Mitarbeiterin Alissa Geisler in besten Händen.

Literatur

Bistum Erfurt (Hg.) (2020): Das KathReliOnline-Projekt. Online verfügbar unter: https://www.bistum-erfurt.de/presse_archiv/nachrichtenarchiv/detail/das_kathrelionline_projekt/. (Zuletzt geprüft am 16.08.2023).

Domradio (Hg.) (2020): Digitalisierung in der Schule ist kein „Allheilmittel". Online unter: https://www.domradio.de/audio/ein-interview-mit-martin-fahnroth-leiter-der-schulabteilung-im-bistum-erfurt-0. (Zuletzt geprüft am 15.08.2023).

Geisler, Alissa/Sajak, Clauß Peter (2024): Das Projekt KathReliOnline. Eine religionspädagogische Evaluation. Münster. In diesem Band, S. 29–63.

Katholisch.de (Hg.) (2023): „KathReliOnline" ist Modellprojekt des Bistums Erfurt. Bodo Ramelow will zügige Umsetzung von Online-Religionsunterricht. Online verfügbar unter: https://www.katholisch.de/artikel/21889-bodo-ramelow-will-zuegige-umsetzung-von-online-religionsunterricht (Zuletzt geprüft am 15.08.2023).

Thüringer Landtag (2022): Landtagsdrucksache 7/6573. Online verfügbar unter: https://beteiligtentransparenzdokumentation.thueringer-landtag.de/7-6573/. Zuletzt geprüft am 06.02.2024).

Das Projekt *KathReliOnline*
Eine religionspädagogische Evaluation

Alissa Geisler & Clauß Peter Sajak

1. Einleitung

Das Projekt *KathReliOnline* will durch *Blended Learning*, also einen geplanten Wechsel von Präsenz- und Selbstlernphasen, den katholischen Religionsunterricht in den Diasporagebieten Thüringens sichern und stärken. Da an vielen Thüringer Schulen das Fach Katholische Religionslehre nicht unmittelbar eingerichtet werden kann, ist das online-gestützte Format eines katholischen Religionsunterrichts der Versuch, Schülerinnen und Schülern im Rahmen eines digitalen Lernumfelds ein religiöses Bildungsangebot zu machen. Dabei wird ihnen u. a. mithilfe der Bereitstellung von internetfähigen Tablet-Geräten die Möglichkeit gegeben, sich mit Inhalten des katholischen Religionsunterrichts in der Mittel- und Oberstufe auseinanderzusetzen und so jene Kompetenzen im Bereich des religiösen Lernens zu erwerben, die von den kirchlichen Rahmenpapieren wie auch von den Lehrplänen des Landes Thüringen vorgesehen sind.

KathReliOnline hat den Anspruch, die Potentiale digitalen Lehrens und Lernens für das Fach Katholische Religionslehre und damit für religiöse Lern- und Bildungsprozesse zu realisieren. Dies sollte auch die wissenschaftliche Begleitung des Projekts unterstützen, die von Oktober 2020 bis September 2022 von der Professur für Religionspädagogik und Didaktik des Religionsunterrichts an der Katholisch-Theologischen Fakultät der Universität Münster Westfälischen Wilhelms-Universität unternommen wurde. Im Sommer 2022 wurde in diesem Kontext eine abschließende Evaluation des Projekts durchgeführt. Dafür wurden sowohl die Perspektiven der Lehrenden als auch der Lernenden im Rahmen von Befragungen in den Blick genommen. In diesem Band werden Auszüge des Evaluationsberichts veröffentlicht und ergänzt.

2.   Konzeption des Projekts

KathReliOnline ist im Schuljahr 2019/20 als Modellvorhaben mit einer Laufzeit von ca. fünf Jahren gestartet. Es eröffnet den Schülerinnen und Schülern die dezentrale Teilnahme am katholischen Religionsunterricht, indem dieser in Selbstlernphasen und (virtuelle) Präsenzphasen gegliedert wird. Zur Umsetzung dieses Blended Learning-Formats stellt das Bistum Erfurt den Schülerinnen und Schülern Tablets und einen mobilen Internetzugang. Als zentrale Plattform für den Datenaustausch wie auch für die Kommunikation dient die Thüringer Schulcloud, eine vom Thüringer Institut für Lehrerfortbildung, Lehrplanentwicklung und Medien (ThILLM) geprüfte, rechtskonforme Lernplattform. Diese ermöglicht die Gestaltung hybrider Lernräume und fördert so auch das kooperative Arbeiten der Lernenden untereinander sowie die Kommunikation mit der Lehrkraft. Die Lernplattform wird fortwährend überarbeitet und aufgrund der im Projekt erworbenen Erkenntnisse verbessert.

KathReliOnline will nicht nur den katholischen Religionsunterricht in der Diaspora sichern, sondern zudem die Eigenverantwortlichkeit und Selbstständigkeit der Schülerinnen und Schüler fördern, die im Rahmen des Projekts wichtige Erfahrungen bezüglich zeit- und ortsunabhängiger Lernprozesse sammeln können.

Damit orientiert sich das Projekt auch an der Strategie der Kultusministerkonferenz, die das große Potential digitaler Medien zur Gestaltung neuer Lehr- und Lernprozesse betont und deren Möglichkeiten zur individuellen Förderung von Schülerinnen und Schülern hervorhebt. Laut KMK-Strategie sollen digitale Lernumgebungen systematisch eingesetzt werden, indem sie curricularen Vorgaben und dem Primat des Pädagogischen folgen.[1] Diese Forderungen will *KathReliOnline* einlösen: Die Unterrichtsinhalte basieren auf den Thüringer Lehrplänen für Katholische Religionslehre. Die Gestaltung orientiert sich dabei zunächst an diesen Inhalten und den Dispositionen der Lernenden.

Im Rahmen des Blended Learning-Ansatzes ist dem Begriff des Präsenzunterrichts eine notwendige Offenheit inhärent: Präsenzphasen können analog gestaltet werden, indem die Lehrkraft (zumindest bei einem Teil der Lerngruppe) vor Ort ist. Sie können aber auch als virtuelle Präsenzphasen im digitalen Raum mittels eines Videokonferenz-Tools stattfinden. Gerade diese „virtuelle Präsenz" hat sich sowohl organisatorisch als auch lernprozessbezogen als beson-

---

[1]   Kultusministerkonferenz (Hg.) (2016): Bildung in der digitalen Welt. Strategie der Kultusministerkonferenz. S. 12. Online verfügbar unter: https://www.kmk.org/fileadmin/Dateien/pdf/PresseUndAktuelles/2018/Digitalstrategie_2017_mit_Weiterbildung.pdf. (Zuletzt geprüft am 09.08.2023)

ders tragfähig herausgestellt. Die Offenheit bezüglich der Präsenzphasen ermöglicht eine gewisse Flexibilität, welche die Umstände und Besonderheiten jeder Lerngruppe ernst nimmt.

3. Anliegen, Daten und Methodik der Evaluation

3.1 Untersuchungsgegenstand und Ziel der Studie

KathReliOnline reagiert auf innovative Weise auf die Situation des Katholischen Religionsunterrichts in Gebieten extremer kirchlicher Diaspora: Bereits vor dem Ausbruch der Corona-Pandemie und den damit verbundenen Versuchen, Unterricht digital zu organisieren, ist in diesem Projekt das Format eines onlinegestützten Religionsunterrichts etabliert worden. Das Konzept sieht vor, dass nicht nur religionsbezogene, sondern auch digitale Kompetenzen in besonderem Maße gefördert werden.[2] Die wissenschaftliche Begleitung sollte nicht nur in Bezug auf Materialerstellung und Unterrichtsgestaltung unterstützend wirken, sondern mittels einer Evaluation prüfen, ob und gegebenenfalls inwiefern der Modellversuch in eine dauerhafte Unterrichtsform überführt werden kann.

Im Mittelpunkt der Abschlussevaluation stehen deshalb die Fragen, was im Rahmen des Projekts dem Lernen besonders zuträglich ist, welche Verbesserungspotentiale entdeckt werden können und wo mögliche Herausforderungen liegen. Es wird also danach gefragt, *wie* Lernen im digitalen Raum im Kontext dieses Projekts realisiert wird und *welche Chancen sowie Herausforderungen* sich in dieser Realisierung zeigen. Die Ergebnisse der Evaluation sollen genutzt werden, um ein erfolgreiches Fortbestehen von *KathReliOnline* zu unterstützen.

3.2 Zugang zum Forschungsfeld und Sampling

Im Fokus der Evaluation standen die am Projekt *KathReliOnline* unmittelbar beteiligten Akteurinnen und Akteure: die Lehrkräfte und die Schülerinnen und Schüler. Im Rahmen der Evaluation wurden deshalb zu zwei Zeitpunkten alle beteiligten Lehrkräfte sowie alle Schülerinnen und Schüler, die sich freiwillig zu einer Teilnahme bereit erklärten, befragt. Zum Zeitpunkt der Zwischenevaluation, im Juli 2021, waren zwei Lehrkräfte im Projekt tätig; zum Zeitpunkt der Abschlussevaluation, im Juli 2022, waren es drei Lehrkräfte. Während im Schuljahr

---

2   Vgl. Günther, Julia (2020): KathReliOnline – Neues wagen! In: Tomberg, Markus/Verburg, Winfried (Hg.) (2020): RU 4.0. Religiöse Bildung und Digitalisierung. Dokumentation des 15. Arbeitsforums für Religionspädagogik. Fulda, S. 100–112.

2020/2021 zwei Lerngruppen aus den Klassen 9 bis 12 gebildet wurden, waren es im Schuljahr 2021/2022 drei Lerngruppen von Klasse 8 (jedoch nur eine Person) bis Klasse 12. Zum Zeitpunkt der Befragung 2021 nahmen 24 Schülerinnen und Schüler von 8 Schulen am *KathReliOnline*-Unterricht teil, 2022 waren es 34 Schülerinnen und Schüler von 16 Schulen. Nicht alle Schülerinnen und Schüler füllten den Fragebogen aus: Im Sommer 2021 kamen 17 Fragebögen ausgefüllt zurück, im Sommer 2022 waren es 16.

Die zwei Lerngruppen mit Schülerinnen und Schülern der Oberstufe (Klasse 11 und Klasse 12) setzten sich – so viel lässt sich den anonymisierten Listen von Teilnehmerinnen und Teilnehmern entnehmen – zum Zeitpunkt der zweiten Erhebung zu großen Teilen aus Schülerinnen und Schülern zusammen, die bereits zum Zeitpunkt der ersten Erhebung am Projekt teilnahmen. Neue Schülerinnen und Schüler kamen durch die jüngste Lerngruppe (Klasse 8-10) hinzu.

3.3   Methodische Vorgehensweise und Datenerhebung

Für die Evaluation wurde sowohl ein qualitativ-empirischer als auch ein quantitativ-empirischer Zugang gewählt: Alle beteiligten Lehrkräfte wurden im Rahmen von Interviews und die Schülerinnen und Schüler mittels Fragebogen befragt. So konnten die Perspektiven aller Beteiligten abgebildet werden. Gerade durch die Interviews konnten ,Tiefenblicke' der Unterrichtenden gewonnen werden, welche für die religionsdidaktische Weiterentwicklung vor allem mit Blick auf Fort- und Weiterbildung hilfreich sind. Die Lehrkräfte wurden in einer Videokonferenz über die Software *Zoom* jeweils einzeln auf Grundlage eines halbstrukturierten Leitfadens interviewt. Die Schülerinnen und Schüler erhielten über die Lehrkräfte einen standardisierten Fragebogen, den sie auf freiwilliger Basis beantworten und anonym in der Thüringer Schulcloud hochladen konnten. Die Erhebung wurde zuvor beim Thüringer Ministerium für Bildung, Jugend und Sport beantragt und genehmigt.

In Bezug auf die Befragung muss betont werden, dass es sich hier *nicht* um eine grundlegende Forschungsperspektive handelt und somit die Leitfragen nicht mit Blick auf die wissenschaftliche Diskussion generiert wurden. Vielmehr handelt es sich um eine Evaluation, die darauf zielt, das Projekt auf seine Funktionalität hin zu überprüfen.

Im Juli 2021 wurde eine Zwischenevaluation durchgeführt, deren Ergebnisse sowohl für die konkrete Unterrichtsgestaltung als auch für die weitere Konzeptionierung der wissenschaftlichen Begleitung sinnvoll genutzt werden konnten. Im Rahmen dieser Evaluation wurden die zu diesem Zeitpunkt zwei beteiligten Lehrerinnen mittels eines halbstrukturierten Leitfadens interviewt. Die Schülerinnen und Schüler der Lerngruppen wurden gebeten, einen Fragebogen auszufüllen (zur Konzeption von Interviewleitfaden und Fragebogen siehe unten). 17 Schülerinnen und Schüler nahmen diese Möglichkeit wahr.

Der Zwischenbericht wird in dieser Publikation nicht vollständig abgebildet, da die Abschlussevaluation im Fokus der Darstellung steht. An einigen Punkten wird allerdings auf Zwischenergebnisse Bezug genommen.

Im Juli 2022 wurde an der Professur für Religionspädagogik und Didaktik des Religionsunterrichts an der Katholisch-Theologischen Fakultät der Universität Münster die Abschlussevaluation des Projekts durchgeführt. Im Schuljahr 2021/2022 kam eine Lehrkraft zu den zwei bereits tätigen dazu, sodass mit allen drei im Projekt engagierten Lehrkräften Interviews geführt wurden, deren Vergleichbarkeit durch einen halbstrukturierten Leitfaden gesichert war. Aus dem Leitfaden der Zwischenevaluation wurden Fragen zur technischen Ausstattung, zu Chancen und Herausforderungen des Blended Learning-Formats, zur Kommunikation mit Schülerinnen und Schülern sowie zu möglichen Veränderungen von Lernprozessen im Religionsunterricht weiterhin einbezogen. Diese bilden besonders relevante Aspekte des Projekts ab und finden sich ähnlich auch im Fragebogen für die Schülerinnen und Schüler wieder. Erweitert wurde der Leitfaden im Hinblick auf die Abschlussevaluation um Kategorien, die sich im ersten Erhebungszeitraum in Gesprächen mit den Lehrkräften als Herausforderungen bzw. Spannungsfelder erwiesen: Arbeitsaufwand, Unterrichtsvorbereitung und Unterstützungsangebote.

Alle am Projekt teilnehmenden Schülerinnen und Schüler wurden gebeten, an einer Erhebung mittels Fragebogen teilzunehmen. 34 Schülerinnen und Schüler wurden deshalb an insgesamt 16 Schulen angefragt, einen sechsseitigen Fragebogen zum Projekt auszufüllen, der sowohl offene als auch geschlossene Fragen enthält. Für dessen Konstruktion wurden nicht validierte Skalen verwendet, sondern mittels eigener Fragestellungen Items konstruiert. Dieses Instrument versucht die wesentlichen 'Säulen' bzw. Charakteristika des Projekts, vor allem die Organisation als Blended Learning-Format mit potentiellen Chancen und Herausforderungen, abzubilden.

Für eine mögliche Fortführung des Projekts war zunächst wichtig, herauszufinden, ob die technische Ausstattung (iPad, Schulcloud, Software) aus Sicht der Schülerinnen und Schüler grundlegend ein angemessenes digitales Lehr-Lernsetting ermöglicht. Da digitale Medien – wie alle Medien – spezifische Charakteristika aufweisen, soll zudem ihre Auswahl (Medienvielfalt) sowie ihr Potential im Hinblick auf neue Lernmöglichkeiten und Motivation reflektiert werden. Weil *KathReliOnline* durch den Wechsel der Phasen im Blended Learning-Format für viele Schülerinnen und Schüler neue Anforderungen bezüglich der Eigenständigkeit und Organisation stellt, werden die Selbstlern- sowie die Präsenzphasen genauer in den Blick genommen. Dazu gehören u. a. Fragen nach Organisation, Arbeitsumfang und -anforderungen sowie benötigte Hilfestellungen in den Selbstlernphasen. Gefragt wurde außerdem nach Beteiligung, Gesprächsklima, Frequenz und Dauer sowie Potential der Videokonferenzen für

den Lernprozess. Inwiefern die Rückmeldung der Lehrkräfte aus Sicht der Schülerinnen und Schüler angemessen war, muss angesichts der erforderten Selbstständigkeit im Projekt ebenso gefragt werden. Die geschlossenen Fragen betreffen deshalb die genannten Aspekte: die technische Ausstattung, den Medieneinsatz, die Selbstlernphasen sowie die gemeinsamen Präsenzphasen in Form von
Videokonferenzen, die erhaltene Rückmeldung und eine Einschätzung der eigenen Lernprozesse. Im Rahmen des Items „Lernprozesse" sollen die Schülerinnen
und Schüler abschließend ihre Zusammenarbeit, ihr erworbenes inhaltliches
Wissen sowie ihre Medienkompetenz bewerten. Auf Grundlage der Zwischenevaluation wurde der Fragebogen für die Abschlussevaluation um Items zur un-
terrichtsbezogenen Vorgeschichte der Schülerinnen und Schüler ergänzt, um
auch im Hinblick auf die kommenden Schuljahre die Lerngruppen besser ein-
schätzen zu können. Die offenen Fragen fokussieren positive Charakteristika des
bereits erlebten Religionsunterrichts in analoger Form sowie des Unterrichts im
Projekt. Hintergrund dieser Fragen ist das Interesse daran, ob der *KathReliOnline*-
Religionsunterricht sich für die Schülerinnen und Schüler vom zuvor erfahre-
nen Unterricht durch gewisse Spezifika abhebt. Die Erhebung war freiwillig und
anonym. Insgesamt 16 ausgefüllte Fragebögen erreichten die wissenschaftliche
Begleitung.

Im Rahmen der wissenschaftlichen Begleitung konnten sowohl Aufgaben als
auch Material und Lernprodukte der Schülerinnen und Schüler begutachtet
werden. Auf diese Einblicke wird im Bericht an einigen Stellen verwiesen. Im
Kapitel „Perspektiven aus der Praxis und für die Praxis" kann über QR-Codes und
Links auf praktische Beispiele zugegriffen werden.

3.4   Datenanalyse und Auswertung

Die Transkripte der Interviews wurden mittels qualitativer Inhaltsanalyse nach
Mayring[3] ausgewertet. Dafür sind zunächst aus den Forschungsfragen und vor
allem dem Interviewleitfaden Kategorien entwickelt und diese anschließend
nach Durchsicht des Materials induktiv um die Kategorie „Empfehlungen" ergänzt worden. Diese Kategorie kann sich gerade im Hinblick auf eine Weiterführung des Projekts als hilfreich erweisen. Die Aussagen der Lehrerinnen wurden
diesen Kategorien zugeordnet. Die Darstellung der Ergebnisse orientiert sich an
ebendiesen Kategorien und soll herausstellen, wie die Lehrerinnen einzelne Aspekte des Projekts bewerten, worin besondere Herausforderungen und Chancen
ihrer Einschätzung nach liegen und an welchen Stellen Verbesserungspotential
besteht.

---

[3]   Vgl. Mayring, Philipp (2022): Qualitative Inhaltsanalyse. Grundlagen und Techniken.
       Weinheim. S. 107.

Die Antworten auf die geschlossenen Fragen des Fragebogens wurden mittels Excel deskriptiv-quantitativ ausgewertet, für die Antworten auf die offenen Fragen wurden im Rahmen der qualitativen Inhaltsanalyse induktiv Kategorien gebildet.

4. Ergebnisse der Abschlussevaluation 2022

4.1 Ergebnisse der Interviews mit den Unterrichtenden

Erfahrungen des letzten Schuljahres

L1: „Sie haben sich eigentlich für alle Themen interessiert und das war schon sehr schön [...]."

Die Lehrerinnen äußern sich überwiegend positiv zu ihren im vergangenen Schuljahr gewonnenen Erfahrungen: Gelobt wird die hohe Motivation vieler beteiligter Schülerinnen und Schüler sowie ein großes Interesse sowohl an den Inhalten des Religionsunterrichts als auch an den Methoden im Kontext des Blended Learning-Formats. Positiv hervorgehoben werden auch die Bemühungen um Austausch mit den Mitschülerinnen und Mitschülern und der jeweiligen Lehrkraft. Bei einigen Schülerinnen und Schülern habe sich zudem eine gewisse Routine in Prozessen bezüglich der Kommunikation, der Beziehungsgestaltung und der Aufgabenbearbeitung eingestellt.

Gerade im Hinblick auf die Aufgabenbearbeitung wird betont, dass zahlreiche überzeugende Ergebnisse abgegeben worden seien: „Zudem ist aus meiner Sicht deutlich geworden, dass die Schülerinnen und Schüler immer besser auch mit den Aufgabenstellungen zurechtgekommen sind und in den meisten Fällen auch sehr tiefgründige und sehr reflektierte Arbeitsergebnisse zurückgesendet haben." (L2)

Kritisch erwähnt wird von einer Lehrerin zu Beginn des Interviews der unerwartet hohe Arbeitsaufwand, der mit dem Projekt einhergegangen sei: „Das war auch teilweise sehr arbeitsreich und komplizierter, als ich mir das vorgestellt habe." (L3) Auch liege das Projekt, das im Kontext des digitalen Lernens ja teils ungewohnte Anforderungen an die Lernenden stellt, nicht allen Schülerinnen und Schülern.

Im Rückblick auf das vergangene Schuljahr zeichnet sich so ein ambivalentes Bild, wenngleich die positiven Erfahrungen deutlich häufiger Erwähnung finden. Grundsätzlich zeigen die Lehrkräfte sich sehr zufrieden mit der Motivation und den Arbeitsergebnissen der Schülerinnen und Schüler, betonen aber auch, dass die Tätigkeit im Projekt eine arbeitsreiche ist.

Technische Ausstattung

Die Schülerinnen und Schüler sowie die Lehrkräfte, die Teil des Projekts *KathRe-liOnline* sind, wurden vom Bistum Erfurt mit einem iPad und einer Sim-Karte mit mobilen Daten ausgestattet. Diese Ausstattung wird grundsätzlich sehr positiv bewertet: „Sehr zufrieden, also wir haben das iPad und damit werden theoretisch die Videokonferenzen mit abgedeckt und auch die Aufgaben können von den Schülern als auch mir, ich habe mir da auch meine Listen mit erstellt, ortsunspezifisch erledigt werden." (L3) Die ortsbezogene Flexibilität wird durch das iPad also gewährleistet. Mit dem iPad können Videokonferenzen gehalten, aber auch Verwaltungsaufgaben sowie Korrekturen durchgeführt werden.

Dennoch – so wird auch geschildert – kann die grundlegend nützliche Ausstattung nicht alle Hindernisse aus dem Weg räumen: „Es war trotzdem manchmal schwierig, weil die Schülerinnen so weit verstreut sind und das kann keine Schule leisten, auch kein Bistum, eine Internetverbindung in alle Thüringer Ecken gleichermaßen." (L1) Nicht in allen Orten ist der Zugriff auf ein zuverlässiges Netz garantiert. Die Lehrerin fügt jedoch hinzu, dass die Schülerinnen und Schüler mit dieser Herausforderung souverän umgegangen seien, denn sie „haben sich trotz dieser [...] Einschränkung bemüht, irgendwie eine Lösung zu finden und doch präsent zu sein." (L1)

Obwohl die Lehrkräfte insgesamt mit der technischen Ausstattung sehr einverstanden sind, äußert eine Lehrerin sich zu von ihr wahrgenommenem Verbesserungspotential – allerdings in Bezug auf die von allen Lerngruppen genutzte Schulcloud und ihrer Möglichkeiten einer schulübergreifenden Verwendung: „Beziehungsweise, dass man eben Kurse auch wieder teilen kann, [...] sodass eben die Vorbereitung auch nochmal ein bisschen leichter wird." (L2) Hier zeigt sich der Wunsch nach einer Weiterentwicklung der Cloud, um Prozesse der Unterrichtsvorbereitung und -organisation zu vereinfachen.

Arbeitsaufwand

Im Vergleich mit dem analogen Unterrichten wird der Arbeitsaufwand im Projekt grundsätzlich als hoch beschrieben: „Die Arbeiten für die Noten anschauen plus die Videokonferenzen, die natürlich in Zeiten liegen, wo man keinen Unterricht mehr hätte regulär. Schon hoch. Ich glaube, mit zwei Stunden in der Schule käme man besser weg." (L3)

Besonders aufwendig gerate das Projekt im Rahmen der Unterrichtsvorbereitung, auch aufgrund mangelnder Unterstützungsangebote bzw. kaum vorhandener Vorlagen und Materialien. Zwar biete die BiBox „Vernünftig glauben" vom Westermann Verlag eine hilfreiche Grundlage – „Da war Westermann wirklich sehr fortschrittlich schon, sehr weit." (L1) –, ansonsten könne aber auf wenig zurückgegriffen werden: „Weil ich das andere Material, was ich bisher vorliegen hatte, für wenig hilfreich gehalten habe." (L1)

Dass die Unterrichtsvorbereitung sich für die Lehrkräfte besonders anforderungsreich gestaltet, hängt wesentlich an den Charakteristika des Blended Learning-Formats, welche die Digitalisierung von Material sowie die Einarbeitung in neue Methoden erforderlich machten: „Der Arbeitsaufwand ist sehr hoch, weil hier alles, was an Materialien oder Ideen […] also erst digitalisiert werden muss und zum anderen wir ja auch nicht nur auf inhaltliche Dinge, sondern auch auf das Methodische, auf das digitale Lernen Wert gelegt haben." (L1)

Zudem verlangt die Aufgabenstellung besondere Sorgfalt, wenn Schülerinnen und Schüler sie – zumindest teilweise – in Selbstlernphasen eigenständig bearbeiten sollen: „Natürlich muss man denen die Aufgabenstellung ganz anlegen, da man ja keine Zwischensicherung einfügen kann. […] Aber sie müssen umfassender gedacht werden, […] also: Kompetenzen aufbauen, andere Art von Aufgabenstellungen." (L3) „Auch das ist immer noch ein Schwerpunkt, zu gucken, dass es nicht zu kleinschrittig wird in der Bearbeitung, sondern dass tatsächlich eine lernförderliche Aufgabenstellung gefunden wird." (L2) Hier zeigt sich sehr eindrücklich das Spannungsverhältnis von Autonomie und Heteronomie, das in Selbstlernphasen bzw. Phasen der Selbststeuerung eine Steigerung erfährt.

Und auch die Präsenzphasen, die seltener und in Abstimmung mit den Selbstlernphasen stattfinden, müssen präzise geplant werden, denn sie bieten den dringend benötigten Raum für Austausch, aber auch für inhaltlichen und methodischen Input: „Und was mir auch aufgefallen ist, ist eben die Vorbereitung der Präsenzphasen. Dass das ja auch sehr aufwendig ist manchmal, weil es sehr präzise sein muss, um die Zeit gut zu füllen, mit Austausch untereinander, aber eben auch mit Input und Rückführung der Ergebnisse." (L1) Gewiss erfordert Unterricht immer präzise Planung – durch eine starke Reduktion der Präsenzphasen im Projekt zugunsten der Selbstlernphasen zeigt sich hier aber eine besondere Dringlichkeit.

Auch die regelmäßige Rückmeldung zu den Arbeitsergebnissen der Schülerinnen und Schüler, deren Relevanz betont wird, beschreiben die Lehrerinnen als arbeitsintensiv: „[…] also das Rückmelden der Arbeitsergebnisse, was mir sehr wichtig ist und […] was den Schülerinnen und Schülern sehr wichtig ist, dass sie auch für alle Ergebnisse, die sie liefern, eine Rückmeldung bekommen, das ist schon sehr aufwendig." (L2)

Positiv wird von einer Lehrerin hervorgehoben, dass sich mittlerweile eine gewisse Routine im Hinblick auf die Organisation von Arbeitsprozessen und die inhaltliche Gestaltung eingestellt habe.

Videokonferenzen

In Bezug auf die Videokonferenzen äußern die Lehrerinnen sich tendenziell positiv: „Und ich habe für mich das Gefühl, dass ich da ein gutes Maß finde zwischen inhaltlichem Input meinerseits und der Möglichkeit des Austauschs." (L2) Die Bemühungen der Schülerinnen und Schüler werden hervorgehoben: „Die

Schülerinnen waren immer pünktlich und sehr aufmerksam." (L1) Wichtig sei eine gewisse Routine – „[...] ich habe ja auch die Videokonferenzen sehr regelmäßig durchgeführt und dadurch sind die zu einer gewissen Routine geworden" (L1) –, durch die eine Entwicklung der Schülerinnen und Schüler sichtbar werde: „[...] es hat sich auch eine Entwicklung gezeigt, in der Videokonferenz etwas freier zu reden" (L1).

Betont wird zudem, dass der Rhythmus, in dem Videokonferenzen stattfinden, an die Lerngruppe angepasst werden solle, um produktiven Austausch zu fördern. Ein gezielter Einsatz von Videokonferenzen sei also erforderlich: „Ich bin jetzt dazu übergegangen, nur noch dann Videokonferenzen zu machen, das variiert in den Zeiträumen, [...] wenn wir an einer Stelle sind, wo über Inhalte diskutiert werden kann oder präsentiert werden kann unter den Schülern." (L3) Ein solcher Wechsel zu lernprozessabhängigen Videokonferenzen sei auch aus Sicht der Schülerinnen und Schüler lohnenswerter: „Und auch sie selber haben das als förderlicher wahrgenommen, weil es dann aufgelockert ist. Ansonsten ist es träge, schwerfällig, ein Monolog meinerseits." (L3) Kritisch angemerkt wird darüber hinaus, dass Videokonferenzen ein Alleinstellungsmerkmal des Religionsunterrichts im Rahmen von *KathReliOnline* seien, andere Fächer also nicht zur Einübung in dieses Format beitrügen: „Leider hatte ich da nicht die Unterstützung durch andere Fächer, wo eben Videokonferenzen nur in der Corona-Zeit durchgeführt wurden." (L1)

Kommunikation mit den Schülerinnen und Schülern

In Bezug auf die Kommunikation mit ihren Schülerinnen und Schülern zeigen die Lehrkräfte sich grundsätzlich zufrieden: „Also insgesamt gesehen ist die Kommunikation gut." (L2) Auch unter den Schülerinnen und Schülern sei es im Laufe des Projekts zu einem zunehmend wertschätzenden Umgang gekommen: „Also hier habe ich eben auch eine Entwicklung festgestellt und sie haben sich auch gegenseitig als anregend und unterstützend empfunden, wenn sie denn in Kleingruppen gesprochen haben." (L1)

In der Retrospektive betonen die Lehrerinnen, dass gerade, um den Dialog unter den Schülerinnen und Schülern zu stärken, eine intensive Vernetzung gleich zu Beginn des Schuljahres angestrebt werden solle: „[...] sofort eine Vernetzung machen zwischen den Schülerinnen und eventuell auch ein persönliches Treffen zu Beginn des Kurses. Weil das diese Interaktion zwischen den Schülerinnen wirklich verbessert." (L1) Die Präsenzphasen im Projekt können sowohl aus Videokonferenzen als auch aus Zusammenkünften in einer der Schulen bestehen. Eine Lehrerin hebt, wie oben zitiert, hervor, dass diese präsentischen Treffen an einem Ort der Lerngruppe zu einem regeren Austausch verholfen haben. Eine andere Lehrerin wiederum macht deutlich, dass sie trotz Treffen, die ausschließlich im digitalen Raum stattfanden, mit der Kommunikation zufrieden sei: „An sich aber, dafür, dass wir uns nie kennengelernt haben persönlich und das alles bisher über Internet geschehen ist, finde ich, ist das eigentlich eine gute vertraute Ebene miteinander zu sprechen." (L3) Die zurückhaltende, leicht einschränkende Formulierung – „dafür, dass [...]" – weist allerdings darauf hin, dass präsentischen Treffen im analogen Raum ein noch größeres Vernetzungspotential zugetraut wird. Es scheint also durchaus geboten, zumindest einen Teil der Präsenzphase im analogen Raum zu gestalten.

Chancen des Blended Learning-Formats

Im Rahmen der Evaluation soll erörtert werden, welche spezifischen Chancen das Blended Learning-Format Lernenden und Lehrenden bietet.

Ein entscheidender und für die Entstehung des Projekts ausschlaggebender Faktor ist gewiss die Möglichkeit für Lernende, katholischen Religionsunterricht besuchen zu können, wenn dieser an der eigenen Schule nicht angeboten wird: „[...] natürlich um Schüler nicht zu verlieren, ihnen die Möglichkeit zu geben, katholische Religion beizubehalten." (L3)

Der Erwerb von Medienkompetenz gilt den Lehrerinnen als eine herausragende Chance: „[...] dass die Medienkompetenz und der kreative Einsatz von Endgeräten gut unterstützt werden kann" (L2). Da die Schülerinnen und Schüler alle ein iPad sowie entsprechende Software zur Verfügung haben, können sie sich selbstständig in den Umgang mit Medien einarbeiten und diese kreativ nutzen. Zudem haben die Lehrerinnen Methodenworkshops angeboten, die den Schülerinnen und Schülern in kurzer Zeit einige digitale Anwendungen näherbrachten. Die zeitliche und auch oft methodische Flexibilität – „ich denke, dass man viele verschiedene Methoden [...] probieren kann, also experimentieren ist möglich" (L1) – im Lernprozess regt laut Lehrerinnen zur Kreativität an: „[...] weil einfach dadurch, dass die Schüler ihre Arbeitszeit frei einteilen können und nicht reingepresst sind in die 90 Minuten Unterricht [...] dieses kreative Umgehen mit religiösen Themen für sich, glaube ich, intensiver gestalten können" (L2). Kreativität soll auch durch neue Aufgabenstellungen, die den Einbezug digitaler Medien voraussetzen, gefördert werden. So werden die Schülerinnen und Schüler beispielsweise dazu angeregt, eine Radiosendung zum „House of One" mitsamt Storyboard zu entwickeln oder interaktive Präsentationen als Screencast im Bereich Christologie zu gestalten. In diesem Rahmen zeigt sich, wie digital gestützte Methoden neue Lernwege eröffnen können.

Möglichkeiten der auch individuellen Vertiefung biete das Projekt durch die Flexibilität in Bezug auf Ort und Zeit in den Selbstlernphasen ebenso: „[...] dass die Schüler da an bestimmten Stellen vertiefen können, wenn sie das wollen" (L2). Die Auseinandersetzung mit Inhalten verändere sich durch die Einteilung in Selbstlern- und Präsenzphasen: „Also ich finde, es ist sehr gut, weil die Schülerinnen sich erstmal mit dem Stoff beschäftigen, dann ihre Gedanken, aber auch ihre Fragen formulieren können und dann in dieser Zeit der Videokonferenz oder des Unterrichts ist ein intensiveres Lernen möglich. Weil eben schon diese Grundlage da ist." (L1) Eine solche Einarbeitung in Einzelarbeit und ein anschließender gemeinsamer Austausch sind auch im Präsenzunterricht vor Ort oft Usus. Die Lehrerinnen stellen allerdings heraus, dass diese Einarbeitung im Projekt oft mit besonders großer Sorgfalt geschehe, da der Lernprozess sich eben stärker individualisiert – also im eigenen Tempo und mit Möglichkeiten frei wählbarer Vertiefung – gestalte.

Der Austausch in den Präsenzphasen und auch die extra anberaumten Gesprächstermine seien analog dazu – wohl auch des gezielten Einsatzes wegen – besonders effektiv: „dass wir einen intensiven, sehr nahen Austausch mit den Schülerinnen und Schülern haben, da wir ja viel Wert immer auf die Kommunikation legen [...]" (L2). Das habe auch Auswirkungen auf die Berücksichtigung der Lebenswelt von Schülerinnen und Schülern und erreiche so eine größere Orientierung an den Lernenden und den für sie wichtigen Themen: „[...] der Hinweis, welche Dinge jetzt für sie gerade Lebensweltbezug haben, kommt näher an uns heran als wir das vielleicht so im normalen Unterricht haben [...]. Aber so, dass man wirklich sensibler dafür wird." (L2)

Herausforderungen des Blended Learning-Formats

Das Blended Learning-Format stellt aus Sicht der Lehrenden aber auch einige Herausforderungen an den Religionsunterricht. Eine davon sei trotz aller geschilderten Verbesserungen weiterhin die Kommunikation sowohl mit den Schülerinnen und Schülern „als auch mit der Schule" (L2). Außerdem sei – wie im Rahmen des Arbeitsaufwands bereits angesprochen – eine sehr genaue inhaltliche Planung erforderlich, denn „bei diesen Blended Learning-Formaten kommt man als Lehrkraft sehr häufig in die Gefahr, sehr viel aufzugeben, was den Zeitrahmen einer Doppelstunde oder was so zur Verfügung steht, sprengt" (L1).

Während man Gotteshäuser zwar über verschiedene Angebote virtuell besuchen kann, bleibt die Begegnung an außerschulischen Orten laut einer Lehrerin im Projekt auf der Strecke: „Man hat natürlich auch den Nachteil, man kann nicht viel praktisch machen. Bei mir bin ich an einer Schule, da drüben ist der Dom, da hinten ist die evangelische Kirche, also ich kann mir viel auch an außerschulischen Lernorten anschauen. Das fehlt natürlich." (L3) Sie resümiert deshalb (nicht in Übereinstimmung mit den anderen Lehrkräften): „Der praktische Teil, das bleibt halt auf einer kognitiven inhaltlichen Ebene." (L3)

Betont werden auch organisatorische Hürden, die für die Lehrerinnen einen Mehraufwand bedeuten. So ist zum Beispiel Arbeit am Lehrplan erforderlich: „Dann muss man auch sagen, der Lehrplan hier in Thüringen und dann nochmal in veränderter Form an den Schulen [...], aus vielen Schulen eine Gruppe zusammenzufügen, das ist nochmal eine Herausforderung" (L1). Da die Lerngruppen zusammengesetzt sind aus Schülerinnen und Schülern, die von unterschiedlichen Schulen kommen und ganz verschiedene Lernvoraussetzungen auch schon bedingt durch die schuleigenen Curricula mitbringen, ist das gemeinsame Unterrichten in dieser Hinsicht sehr anspruchsvoll. Auch muss durch die Lehrkräfte immer wieder verdeutlicht werden, dass Unterricht im Projekt *KathReliOnline* regulärer Unterricht ist – mit Anwesenheits- und Abgabepflichten: „Und da wird nochmal wieder deutlich, wie wichtig der Austausch mit den Schulen ist. [...] Also da deutlich zu machen, dass das jetzt regulärer, richtiger Unterricht ist" (L2). Im Hinblick auf diese Schwierigkeiten erscheint also von Beginn an eine klare Kommunikation und Transparenz bezüglich der Prüfungsanforderungen und -formate notwendig.

In der Unterrichtsvorbereitung sind die stark unterschiedlichen Lernvoraussetzungen gerade durch die Einteilung in Selbstlern- und Präsenzphasen sorgfältig zu berücksichtigen: „Man muss genau überlegen, wie viele Inhalte, welche Methoden mache ich in den Präsenzphasen und welche lege ich in diese persönlichen Lernphasen. Das muss man genau überlegen, was sinnvoll ist, was machbar ist und welche Voraussetzungen da sind." (L1) Dazu gehört auch eine differenzierte Planung in Bezug auf die Aufgabenstellung und die Unterstützung im selbstorganisierten Lernen: „Und Herausforderungen bleiben weiterhin gute lernförderliche Aufgaben und die Schülerinnen im selbstorganisierten Lernen dahin zu bringen, gut einzuschätzen, wann es zu viel wird." (L2)

Eine Lehrerin äußert letztlich Zweifel an der Nachhaltigkeit des Projekts, die ja nur durch eine Überführung in eine feste Unterrichtsform gegeben sein kann: „Ob das wirklich nachhaltig ist, bezweifle ich fast." (L3)

Veränderung religiöser Lernprozesse

Im großen Kontext der Lernprozesse merken die Lehrerinnen einige Veränderungen durch die Teilnahme an *KathReliOnline* an. So seien auf inhaltlicher Ebene einige Reduktionen erforderlich gewesen: „Also wir haben einfach schon den Lehrplan, ich sage jetzt mal, ein bisschen ausgedünnt. Was ist wirklich wichtig, um uns auf das Wesentliche zu konzentrieren." (L1) Die Fokussierung einiger ausgewählter Themen begünstige so eine intensive Auseinandersetzung. Bei der Themenauswahl und der Unterrichtsgestaltung mitsamt Methodenauswahl sei der Lebensweltbezug der Schülerinnen und Schüler ein ausschlaggebendes Kriterium: „Und dieser Lebensweltbezug ist ja gerade bei religiösen Themen heutzutage aus meiner Sicht super wichtig." (L2)

Der Reduktion der Inhalte steht ein positiv wahrgenommener Zuwachs an Perspektiven durch die aus unterschiedlichen Schulen kommenden Schülerinnen und Schüler gegenüber: „Ich denke, durch die Vielfalt, durch die Schülerinnen aus den verschiedenen Landesteilen, aus verschiedenen Gymnasien hat sich auch das Gesichtsfeld geweitet, weil ja die Sichtweisen der Teilnehmerinnen einfach ganz anders sind und die Konfrontation mit diesen anderen Sichtweisen hat alle insgesamt vorangebracht." (L1) Betont wird von einer Lehrerin resümierend auch, dass ein Zusammenkommen im digitalen Raum nicht unbedingt als defizitär gegenüber einem Treffen im analogen Raum angesehen werden müsse: „Um eben auch zu sehen, dass es nicht so einfach ist, sich immer in Präsenz zu treffen, sondern dass eben auch diese virtuelle Präsenz zielführend und inhaltlich gut ist und es eben nicht unbedingt das Face-to-Face-Miteinander-Treffen am Wochenende in einem Raum braucht." (L2)

Die grundlegenden Kompetenzen könne man im digitalen Format genauso erwerben wie im ,regulären' Religionsunterricht: „[...] wenn ich das jetzt mal einteile in Wahrnehmungs-, Deutungs- und Urteilskompetenz, dann, denke ich, macht es keinen großen Unterschied. Das kann man auch gut im digitalen Raum anregen." (L3) Eine Lehrerin bemängelt jedoch den ihrer Ansicht nach kaum möglichen Erwerb praktischer Kompetenz sowie fehlende ökumenische Ausrichtung: „Die praktische Kompetenz, das ist eigentlich de facto nicht anwendbar. Auch so interkonfessionell zu arbeiten, also ökumenisch ausgerichtet." (L3)

Die Medienvielfalt, die Teil der Projektkonzeption ist, gestalte laut Lehrkräften den Unterricht abwechslungsreicher: „Also ich habe natürlich auch theologische Texte einbezogen oder auch mal ein Video. Oder eben auch mal ein Interview, mit Frau Professor Julia Knop oder so etwas. Also das war sehr abwechslungsreich." (L1) Der Unterricht profitiere also von einer erhöhten Sensibilität und Wachsamkeit für die Vielfalt und Spezifika unterschiedlicher Medien.

Um religiöse Lernprozesse im Rahmen des Projekts noch zu bereichern, schlägt eine Lehrerin vor, Rituale stärker zu integrieren: „Mir würde einfallen, dass bestimmte ritualisierte Prozesse wichtig sind. Die kann man, glaube ich, auch über eine digitale Ebene abbilden." (L2)

Empfehlungen

Für eine Fortführung des Projekts scheint eine Erleichterung in Bezug auf den Arbeitsaufwand der Lehrkräfte wichtig. Die Lehrerinnen schlagen vor, geeignete Texte und Materialien zu sammeln, um Einarbeitung und Recherche zu vereinfachen: „Und ich denke, für weitere Gruppen wäre einerseits nötig so eine Art Lernplattform zu erstellen oder so einen Fundus zu erstellen" (L1).

Zudem sei intensiver Austausch unter den Beteiligten – gerade im Hinblick auf ein möglicherweise wachsendes Projekt – enorm hilfreich: „[...] dass die Lehrkräfte, die in *KathReliOnline* unterrichten, sich auf jeden Fall sehr stark vernetzen müssen, um diese unterschiedlichen Erfahrungen auch zu teilen und sich auch sehr miteinander, also zu unterstützen." (L1)

4.2 Ergebnisse der Befragung der Schülerinnen und Schüler

Die Evaluation im Juli 2022 nahm auch die unterrichtsbezogene Vorgeschichte der Schülerinnen und Schüler in den Blick, um eine bessere Einschätzung der Lerngruppen zu ermöglichen.

Im Hinblick auf die positiven Ergebnisse der Zwischenevaluation stellte sich die Frage, ob diese bestätigt werden können oder sich die Bewertung des Projekts deutlich verändert hatte.

Zusammensetzung der Lerngruppen

Zwölf der befragten Schülerinnen und Schüler geben an, katholisch zu sein, eine Person evangelisch, ebenso eine orthodox und eine konfessionslos.

Elf Schülerinnen und Schüler besuchten in ihrer Schulzeit durchgehend den katholischen Religionsunterricht. Organisiert war dieser Unterricht unterschiedlich, die Organisationsformen wechselten für einige Schülerinnen und Schüler auch im Laufe der Schulzeit. So war er für neun Schülerinnen und Schüler zeitweise schulübergreifend und für elf jahrgangsübergreifend organisiert. Für zwei Befragte fand er (zumindest zeitweise) einstündig statt, für 16 (auch) zweistündig. Vier Schülerinnen und Schüler haben katholischen Religionsunterricht (auch) am Vormittag besucht, elf am Nachmittag.

Auch bezüglich des Ortes, an dem der Religionsunterricht stattfand, haben einige Schülerinnen und Schüler im Laufe ihrer Schulzeit Wechsel erlebt. Für zwölf Schülerinnen und Schüler fand der katholische Religionsunterricht im Schulgebäude statt, für acht (auch) im Gemeindehaus.

Nach Gründen für ihre Teilnahme am Projekt *KathReliOnline* gefragt, geben neun Schülerinnen und Schüler an, dass ihnen nur so ein Besuch des katholischen Religionsunterrichts weiterhin möglich war. Vier Befragte äußern Neugier in Bezug auf das Projekt im digitalen Format. Drei Schülerinnen und Schüler geben an, wegen der Möglichkeit zur flexiblen Zeit- und Arbeitseinteilung teilzunehmen. Eine Person bezeichnet das Projekt als „praktische Alternative", während wiederum eine Interesse bekundet, mehr über den katholischen Glauben zu erfahren.

Vom Projekt *KathReliOnline* erfuhren neun Schülerinnen und Schüler durch ihre Religionslehrerin, fünf durch die Schule, das Sekretariat oder den Oberstufenleiter, eine Person durch Mitschülerinnen und Mitschüler.

Ein ähnliches Bild ergibt sich in Bezug auf die Frage, wer die Schülerinnen und Schüler bei ihrer Anmeldung unterstützt hat: Acht Schülerinnen und Schüler wurden durch ihre Lehrerin unterstützt, vier durch die Schule, das Sekretariat oder den Oberstufenleiter, zwei durch Mitschülerinnen und Mitschüler, vier (auch) durch ihre Eltern. Ein Schüler oder eine Schülerin gibt an, keine Unterstützung erhalten zu haben.

Die Frage „Falls Sie vor Ihrer Teilnahme an *KathReliOnline* regulären Religions-unterricht (in Präsenz) hatten, was hat Ihnen daran besonders gut gefallen?" wird mehrheitlich (neun Schülerinnen und Schüler) mit dem Verweis auf mög-lichen Austausch in Präsenz und „direkten Kontakt" beantwortet. Vier Schüle-rinnen und Schüler heben die Möglichkeit hervor, einfach Nachfragen zu stel-len, eine Person betont das erhaltene Feedback, eine wiederum die Kreativität. Die Lernatmosphäre wird von einem Schüler oder einer Schülerin erwähnt, eine oder einer merkt an, die Lehrkräfte als authentische Zeuginnen und Zeugen ih-res Glaubens erlebt zu haben, wiederum eine Person erwähnt die Lerngruppen-zusammensetzung.

Am Religionsunterricht im Projekt *KathReliOnline* gefällt elf Schülerinnen und Schülern nach eigener Aussage die Flexibilität in Bezug auf Zeit und Ort. Fünf Schülerinnen und Schüler heben die Mediennutzung und den damit ein-hergehenden Gewinn an Medienkompetenz positiv hervor, zwei loben die The-menwahl, wiederum zwei die Lehrkräfte. Genauso viele schätzen die Erreichbar-keit der Lehrkräfte sowie die zur Verfügung gestellten Lernmaterialien und die Lerngruppenzusammensetzung.

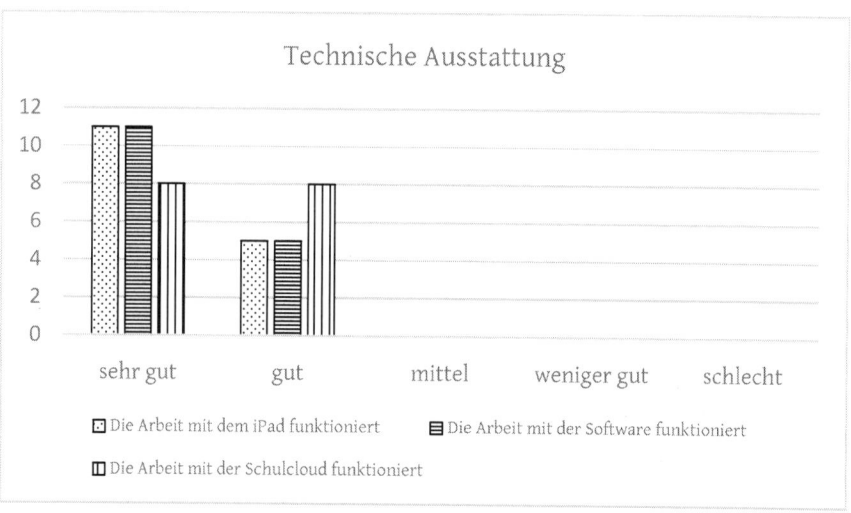

Elf Schülerinnen und Schüler geben an, dass die Arbeit mit dem iPad sehr gut und fünf, dass sie gut funktioniert hat. Die Arbeit mit der Software wird genauso bewertet. Die Arbeit mit der Schulcloud bewerten acht Schülerinnen und Schü-ler mit sehr gut und acht mit gut.

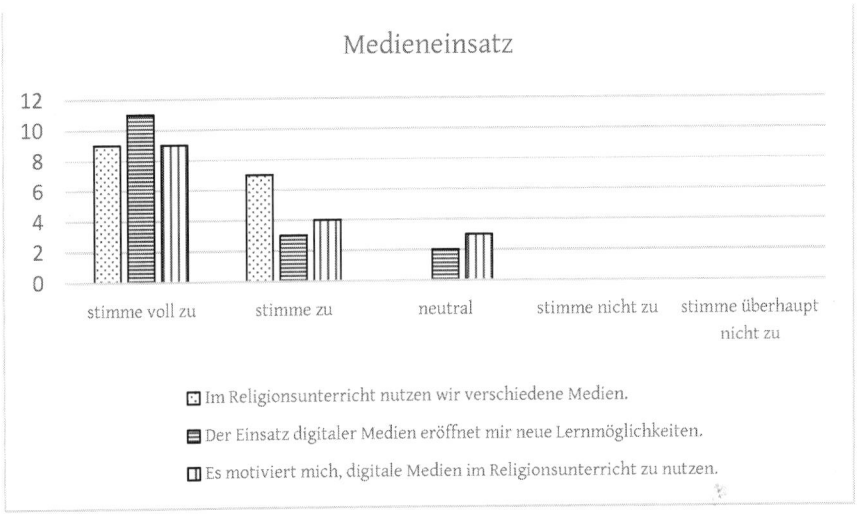

Im Rahmen ihrer Einschätzung des Medieneinsatzes stimmen alle Schülerinnen und Schüler der Aussage zu, dass im *KathReliOnline*-Religionsunterricht verschiedene Medien genutzt werden (neun stimmen voll zu). 14 Schülerinnen und Schüler bejahen, dass der Einsatz digitaler Medien ihnen neue Lernmöglichkeiten eröffnet (elf davon stimmen voll zu, zwei kreuzen neutral an). 13 Befragte geben an, dass es sie motiviert, digitale Medien im Religionsunterricht zu nutzen (neun stimmen voll zu), vier kreuzen neutral an. Deutlich wird so, dass die Schülerinnen und Schüler eine Medienvielfalt im *KathReliOnline*-Unterricht wahrnehmen. Der Einsatz digitaler Medien erweitert ihrer Ansicht nach die Lernmöglichkeiten und erhöht die Motivation.

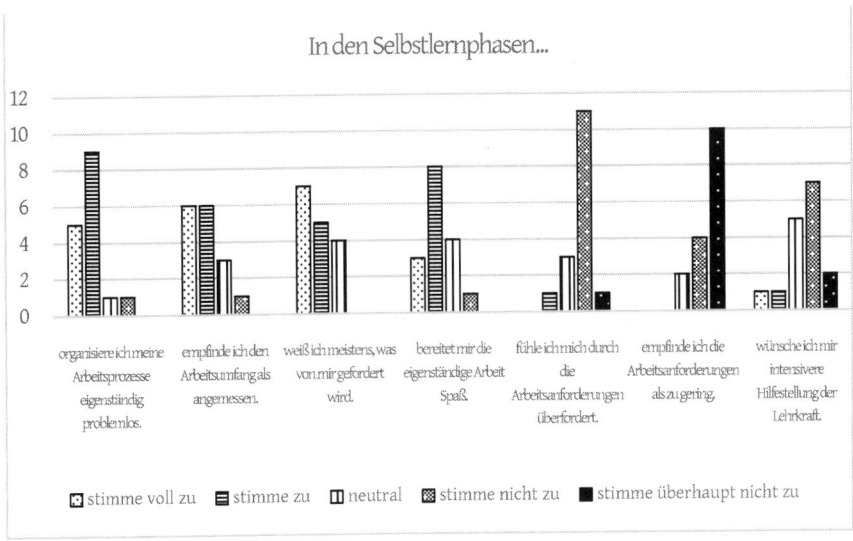

14 Schülerinnen und Schüler stimmen der Aussage zu, dass sie ihre Arbeitsprozesse in den Selbstlernphasen problemlos organisieren (fünf stimmen voll zu, neun stimmen zu). Eine Person wählt neutral, eine stimmt nicht zu. Zwölf Befragte halten den Arbeitsumfang für angemessen. Eine Schülerin oder ein Schüler widerspricht (drei kreuzen neutral an). Zwölf Schülerinnen und Schüler geben an, dass sie meistens wissen, was in den Selbstlernphasen von ihnen gefordert wird (sieben davon stimmen voll zu, vier wählen neutral). Elf Schülerinnen und Schülern bereitet die eigenständige Arbeit in den Selbstlernphasen Spaß (vier neutral), eine Person widerspricht. Eine Schülerin oder ein Schüler fühlt sich durch die Arbeitsanforderungen in den Selbstlernphasen überfordert, zwölf Befragte widersprechen (drei neutral). Niemand gibt an, die Arbeitsanforderungen als zu gering zu empfinden (14 widersprechen, zwei neutral). Zwei Schülerinnen und Schüler geben an, sich intensivere Hilfestellung der Lehrkraft in den Selbstlernphasen zu wünschen, neun widersprechen.

Die Ergebnisse verdeutlichen, dass eine große Mehrheit der Befragten mit der Organisation der Selbstlernphasen nach eigener Aussage gut zurechtkommt. Die Kontrollfragen zeigen, dass sie sich durch Arbeitsaufwand und -anforderungen weder über- noch unterfordert fühlen.

Vergleicht man diese Ergebnisse mit den Antworten der Lehrkräfte, so wird deutlich, dass diese stärker auch die Herausforderungen der Selbstlernphase betonen, während die Schülerinnen und Schüler eine angemessene Forderung wahrnehmen.

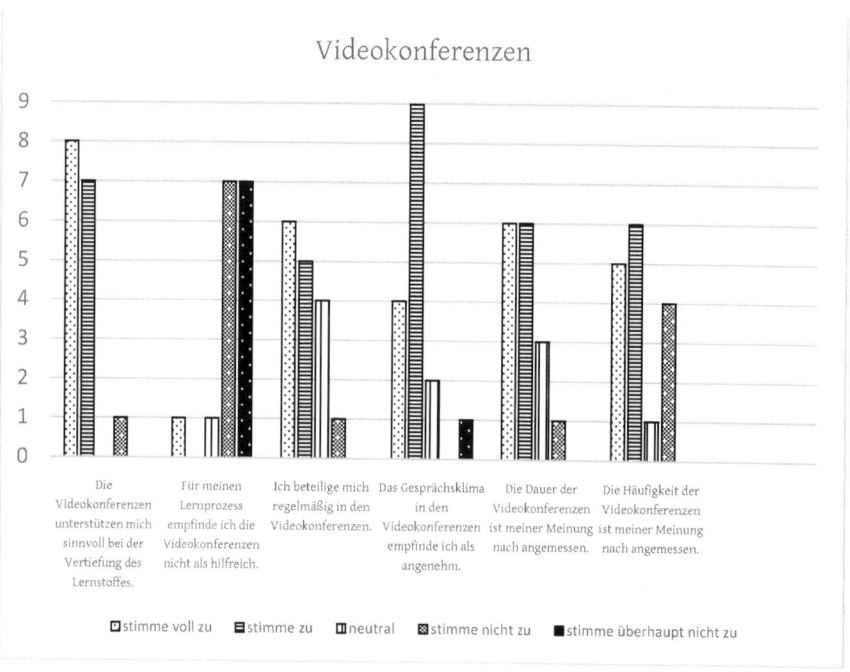

15 Schülerinnen und Schüler geben an, dass die Videokonferenzen sie sinnvoll bei der Vertiefung des Lernstoffes unterstützen (acht davon stimmen voll zu), eine Person stimmt nicht zu. Die Kontrollfrage bestätigt diese Tendenz: Nur eine Schülerin oder ein Schüler empfindet die Videokonferenzen für ihren Lernprozess nicht als hilfreich. Elf Schülerinnen und Schüler beteiligen sich nach eigener Aussage regelmäßig in den Videokonferenzen (vier neutral, eine stimmt nicht zu). 13 Befragte empfinden das Gesprächsklima in den Videokonferenzen als angenehm (vier davon stimmen voll zu). Zwei Schülerinnen und Schüler wählen *neutral*, eine Person stimmt überhaupt nicht zu. Zwölf Schülerinnen und Schüler halten die Dauer der Videokonferenzen für angemessen (sechs davon stimmen voll zu), eine Schülerin oder ein Schüler widerspricht dieser Aussage. Elf Schülerinnen und Schüler geben an, die Häufigkeit der Videokonferenzen für angemessen zu halten, vier stimmen dieser Aussage nicht zu.

Insgesamt ergibt sich bezüglich der Videokonferenzen so ein sehr positives Bild: Sie werden als hilfreich für den Lernprozess eingeschätzt, wozu auch ein angenehmes Gesprächsklima beiträgt. Die stärkste Kritik gibt es an der Häufigkeit der Videokonferenzen: Ein Viertel der Schülerinnen und Schüler widerspricht der Aussage, dass diese angemessen sei. Diesbezüglich sollte es in den Lerngruppen zu einer gemeinsamen Besprechung und möglicherweise einer Modifikation kommen.

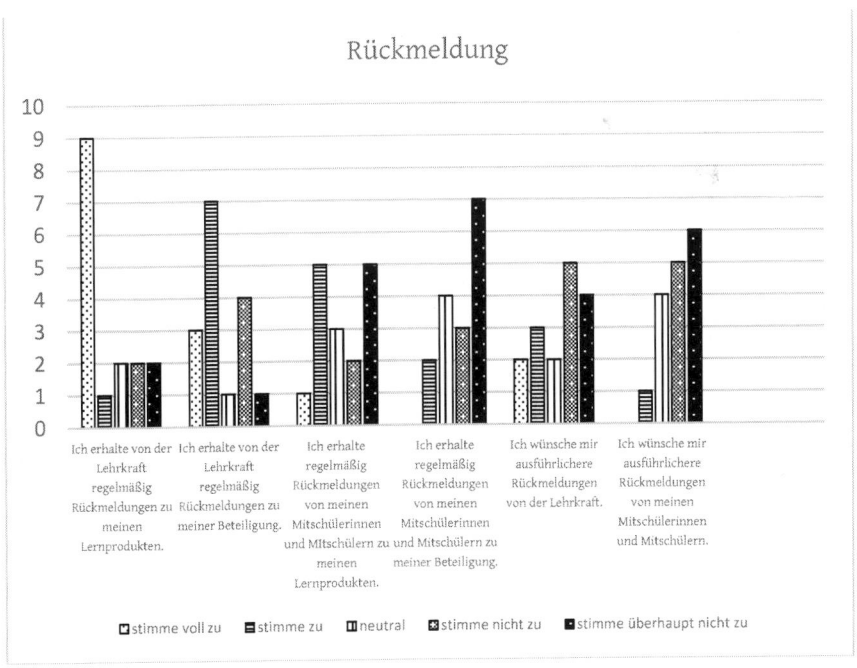

Der Fragenkomplex zum Feld der Rückmeldung ist angesichts einer unmittelbar einleuchtenden Relevanz für ein Projekt, das auf die Eigenständigkeit der Schülerinnen und Schüler setzt, recht differenziert. Zehn Schülerinnen und Schüler geben an, dass sie regelmäßig Rückmeldungen zu ihren Lernprodukten von der Lehrkraft erhalten (neun stimmen voll zu, zwei geben neutral an). Vier Befragte geben jedoch an, dass dies nicht der Fall sei. Zudem geben zehn Schülerinnen und Schüler an, dass die Lehrkraft ihnen regelmäßig Rückmeldungen zu ihrer Beteiligung gibt (eine Person neutral). Fünf Schülerinnen und Schüler widersprechen dieser Aussage. Sechs Schülerinnen und Schüler stimmen der Aussage zu, dass sie regelmäßig Rückmeldungen zu ihren Lernprodukten von den Mitschülerinnen und -schülern erhalten. Sieben stimmen nicht zu (davon fünf überhaupt nicht). Zwei Schülerinnen und Schüler geben an, regelmäßig Rückmeldungen zu ihrer Beteiligung von den Mitschülerinnen und -schülern zu erhalten, zehn stimmen nicht zu (davon sieben überhaupt nicht, vier wählen neutral). Fünf Schülerinnen und Schüler wünschen sich ausführlichere Rückmeldungen von der Lehrkraft (neun stimmen [überhaupt] nicht zu). Eine Person wünscht sich ausführlichere Rückmeldungen von ihren Mitschülerinnen und -schülern, elf Schülerinnen und Schüler widersprechen (vier wählen neutral).

Insgesamt erhalten die Schülerinnen und Schüler zu großen Teilen laut eigener Aussage regelmäßig Feedback von der Lehrkraft. Im Vergleich mit der Zwischenevaluation zeigt sich aber, dass die Regelmäßigkeit aus Perspektive der Schülerinnen und Schüler abgenommen hat. Die Zahl der Lernenden, die sich ausführlichere Rückmeldungen der Lehrkraft wünschen, ist gestiegen. Peer-Feedback gibt es nach Aussage der Lernenden wenig, dies wird aber weiterhin kaum gewünscht.

Die Interviews mit den Lehrkräften haben verdeutlicht, dass für sie die Bemühungen um regelmäßiges Feedback durchaus eine Herausforderung und große Arbeitsbelastung darstellen.

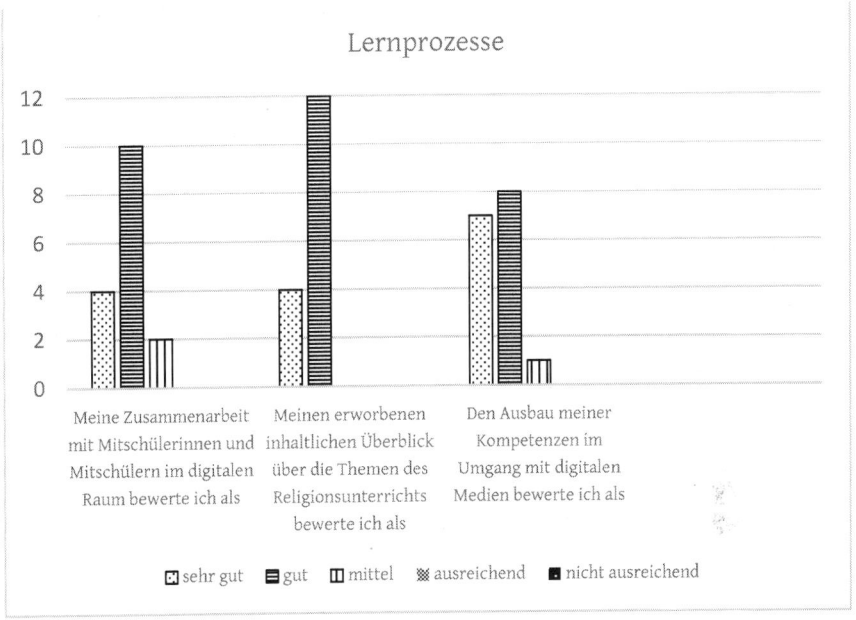

Abschließend bewerten die Schülerinnen und Schüler ihre Lernprozesse anhand von drei Items. Vier Schülerinnen und Schüler bewerten ihre Zusammenarbeit mit Mitschülerinnen und -schülern im digitalen Raum als sehr gut, zehn als gut, zwei schätzen sie als mittel ein. Vier Schülerinnen und Schüler geben an, dass sie einen sehr guten inhaltlichen Überblick über die Themen des Religionsunterrichts erworben haben, zwölf halten diesen für gut. Sieben Schülerinnen und Schüler bewerten den Ausbau ihrer Kompetenzen im Umgang mit digitalen Medien als sehr gut, acht als gut. Eine Person kreuzt mittel an. In Bezug auf die Items zu den Lernprozessen positionieren die Schülerinnen und Schüler sich mehrheitlich zwischen sehr gut und gut. Im Vergleich mit den Ergebnissen der Zwischenevaluation wird deutlich, dass die Tendenz, sich in diesem Bereich zu positionieren, noch zugenommen hat.

Eine ausdrücklich sehr offen gehaltene Frage schließt den Fragebogen ab: „Was möchten Sie uns noch mitteilen?"

Zu einem großen Teil lassen die Schülerinnen und Schüler diese Frage unbeantwortet. Sieben Schülerinnen und Schüler jedoch beantworten diese Frage, indem sie das Projekt resümierend als sehr positiv bewerten und teilweise ausdrücklich um eine Fortführung ebendieses bitten, z.B.: „Das Projekt *KathReliOnline* war eine sehr wertvolle Erfahrung. Ich würde mir wünschen, dass dieses Projekt in Zukunft von mehr Schülerinnen und Schülern in Anspruch genommen wird. Besonders positiv würde ich rückblickend den Umgang mit digitalen Lernmethoden nennen. Durch das Erstellen von eigenen Lernvideos oder ähnlichem hat man eine stärkere Auseinandersetzung mit den Lernthemen als sonst." Aussagen wie diese setzen den durch die Beantwortung der geschlossenen Fragen entstandenen Eindruck fort, dass die Schülerinnen und Schüler eine sehr wertschätzende Bilanz ziehen.

Eine Schülerin oder ein Schüler merkt an, dass mehr Rückmeldung wünschenswert sei, wiederum eine oder einer äußert eigene Schwierigkeiten auf die im Projekt erforderliche Eigenständigkeit. Mit diesen Antworten wird auf grundlegende Herausforderungen im Projekt verwiesen: Es verlangt den Schülerinnen und Schülern eine große Bereitschaft ab, selbständig zu arbeiten. Um dennoch eine enge Begleitung zu gewährleisten, entsteht bei den Lehrerinnen ein recht hoher Arbeitsaufwand.

5.   Religionspädagogische Auswertung der Daten

5.1   *KathReliOnline als Beitrag zur Bildung in einer digitalen Welt*

KathReliOnline ermöglicht Schülerinnen und Schülern die Teilnahme am Fach Katholische Religionslehre, auch wenn keine Lerngruppe an einer Schule zustande kommen würde. Das Projekt leistet so einen wichtigen Beitrag zum Erhalt des katholischen Religionsunterrichts. Es ist aber auch ein Projekt, das in innovativer Weise auf die Tragweite von Digitalisierung reagiert, welche gemeinhin zu den „Megatrends unserer Zeit"[4] gezählt wird, mit denen „fundamentale gesellschaftliche, wirtschaftliche und politische Veränderungsprozesse"[5] einhergehen. Felix Stalder spricht in diesem Zusammenhang von einer „Kultur der Digitalität", für die drei „spezifische Formen der Kultur, des Austauschs und Ausdrucks über viele inhaltliche, soziale und lokale Differenzen hinweg"[6] verbindlich seien: Referentialität, Gemeinschaftlichkeit und Algorithmizität. Diese Grundformen der Digitalität tragen dazu bei, ansonsten nicht greifbare Vielfalt und Unübersichtlichkeit zu ordnen. Dieses nicht immer nachvollziehbare Erstellen von Verknüpfungen und Filtern führt aber auch zu neuen Herausforderun-

---

[4]   Bertelsmann-Stiftung (Hg.) (2019): Megatrend-Report #1: The Bigger Picture. Wie Globalisierung, Digitalisierung und demographischer Wandel uns herausfordern. S. 4. Online verfügbar unter: https://www.bertelsmann-stiftung.de/fileadmin/files/BSt/Publikationen/GrauePublikationen/Megatrend_Report_1_MT_The_Bigger_Picture_2019.pdf.   (Zuletzt geprüft am 08.08.2023).

[5]   Ebd.

[6]   Stalder, Felix (2016): Kultur der Digitalität. Berlin. S. 12.

gen. Auf Medien ist der Mensch für seine Konstruktion der Welt zwar schon immer angewiesen, doch sind mit jedem neuen Medium veränderte Spezifika verbunden.

Spätestens seit der pandemischen Ausbreitung des Coronavirus 2020 scheint sich die Digitalisierung (bei aller Unschärfe des Begriffs[7]) in Deutschland endlich zu einem Thema mit prioritärer Relevanz entwickelt zu haben. *KathReliOnline* ist kein im Pandemiekontext entstandenes Projekt, wenngleich es in dessen Konsequenz öffentlichkeitswirksamen Auftrieb erfahren hat. Dennoch wurde im Rahmen von *KathReliOnline* schon vor der Notwendigkeit von sogenanntem Distanzunterricht erkannt, welches Potential Unterrichten mit digitalisierten Möglichkeiten bietet. Denn: Auch (oder gerade) der Religionsunterricht kann und muss einen Beitrag leisten, um Schülerinnen und Schüler zu einem mündigen und verantwortungsbewussten Leben in einer Kultur der Digitalität zu befähigen.[8]

Schülerinnen und Schüler werden gemeinhin als „digital natives" bezeichnet, was einerseits impliziert, dass ihr Alltag vom Umgang mit digitalen Medien stark geprägt ist[9], andererseits aber nicht unbedingt bedeutet, dass diese Prägung entsprechend diskutiert und reflektiert wird. Genau an diesem Problem setzt *KathReliOnline* an, wenn Schülerinnen und Schüler von den Lehrkräften an Medien herangeführt werden, dann aber auch dazu angehalten sind, diese mit ausreichend Freiraum zu erproben, zu diskutieren und zu reflektieren. Die Ergebnisse der Befragung zeigen, dass die Schülerinnen und Schüler einen Kompetenzaufbau im Umgang mit digitalen Medien bei sich wahrnehmen. Ähnliches lässt sich den Interviews aus Perspektive der Lehrenden entnehmen.

Schülerinnen und Schüler sind in ihrem Alltag, aber wahrscheinlich auch in ihrer religiösen Sozialisation vom Phänomen der Digitalisierung betroffen. Auch zur Religion gehörte schon immer die Medialität – „Religion(en) und Religiosität werden in, durch und mit Medien erfahren"[10] –, nun aber „ist unstrittig, dass digitale Medien in der (religiösen) Sozialisation von Kindern und Jugendlichen

---

[7] Vgl. u. a. Overmeyer, Heiko/Schoden, Patrick (2020): Form Follows Function – Gedanken zum Problem der religionspädagogischen Fortbildung unter dem Zeichen der Digitalität. In: Tomberg, Markus/Verburg, Winfried (Hg.) (2020): RU 4.0. Religiöse Bildung und Digitalisierung. Dokumentation des 15. Arbeitsforums für Religionspädagogik. Fulda, S. 150–164. S. 151f.

[8] Vgl. Geisler, Alissa (2022): Religionsunterricht in einer Kultur der Digitalität. In: Engagement 30 H. 3, S. 175–180.

[9] Vgl. Pirker, Viera (2020): Religionspädagogik in der digitalen Transformation. In: Tomberg, Markus/Verburg, Winfried (Hg.) (2020): RU 4.0. Religiöse Bildung und Digitalisierung. Dokumentation des 15. Arbeitsforums für Religionspädagogik. Fulda, S. 12–32. S. 23.

[10] Nord, Ilona (2017): Religionspädagogik in einer mediatisierten Welt: Einige grundlegende Überlegungen aus deutscher Perspektive. In: Dies./Zipernovszky, Hanna: Religionspädagogik in einer mediatisierten Welt. Religionspädagogik innovativ. Band 14. Stuttgart, S. 26–40. S. 31.

präsent sind"[11]. Digitale Trauerformen und neue Wege religiöser Kommunikation sind nur Beispiele beobachtbarer Entwicklungen, deren Erforschung es zukünftig zu intensivieren gilt. Auch diese werden im Rahmen des *KathReliOnline*-Unterrichts thematisiert und selbst erprobt, z. B. durch die Erstellung von Social Media-Accounts mit religiösem Bezug.

Digitalisierung kann so im Religionsunterricht den Vermittlungsweg betreffen, selbst zum Unterrichtsinhalt werden und ist als veränderter Kontext mitzudenken: „Hilfreich ist dabei die Unterscheidung zwischen dem Lernen *über* Digitalisierung als gesellschaftliche Transformation, dem Lernen *durch* die Digitalisierung der Lebenswelten und dem Lernen *mit* digitalisierten Möglichkeiten."[12] Die Konzeption von *KathReliOnline* versucht all diese Dimensionen zu berücksichtigen: Sie prägt neue Formen von Kommunikation und Kollaboration, bemüht sich um Beziehungsgestaltung (auch) im digitalen Raum. Dabei wird zurückgegriffen auf digitale Medien unterschiedlicher Art (vgl. 5.4). Begleitend wird, u. a. in regelmäßigen Short Sessions, der Umgang mit diesen Medien eingeübt und kritisch reflektiert.

5.2   Gestaltung der Lehr- und Lernprozesse: Blended Learning

Die Strategie der Kultusministerkonferenz „Bildung in der digitalen Welt" fordert die Gestaltung neuer Lehr- und Lernprozesse mit digitalen Medien und betont die Chancen individueller Förderung durch den Einsatz einer digitalen Lernumgebung.[13] Durch das Blended Learning-Modell, also den geregelten Wechsel von Online- und (virtuellen) Präsenzphasen, entsteht im Rahmen von *KathReliOnline* ein neues Zeit-Raum-Gefüge, in dem vertraute Lehr-Lern-Kontexte von den Lehrpersonen nun rekursiv hervorgebracht werden. Die hier gewonnenen Erfahrungen können auch genutzt werden, um die Prozesse und Effekte von selbstständigen Arbeitsphasen der Schülerinnen und Schüler, wie sie im Rahmen eines kompetenzorientierten Religionsunterrichts notwendig geworden sind[14], zu optimieren und zu steigern.

---

[11]   Nord, Ilona (2021): Religiöse Sozialisation von Jugendlichen in mediatisierter Welt. Ausgangsfragen und Zielsetzungen. In: Beck, Wolfgang/Nord, Ilona/Valentin, Joachim (2021): Theologie und Digitalität. Ein Kompendium. Freiburg im Breisgau, S. 257–280. S. 263.

[12]   Hunze, Guido (2021): Technisches Upgrade oder soziokulturelle Transformation? Warum Digitalisierung mehr als der Einsatz digitaler Medien in der Lehre ist. In: Burke, Andree/Hiepel, Ludger/Niggemeier, Volker/Zimmermann, Barbara (Hg.) (2021): Theologiestudium im digitalen Zeitalter. Stuttgart, S. 97–120. S. 111.

[13]   Vgl. KMK: Bildung in der digitalen Welt. S. 13.

[14]   Vgl. Sajak, Clauß Peter/Feindt, Andreas (2012): Räume zur selbsttätigen Aneignung schaffen. Zur Signatur kompetenzorientierter Unterrichtsgestaltung im Religionsunterricht. In: Theo-Web. Zeitschrift für Religionspädagogik 11, S. 164–178.

Über die Thüringer Schulcloud, die in der Befragung überwiegend positiv bewertet worden ist, ist es den Lehrkräften möglich, digitale Lernräume zu entwickeln, in denen Schülerinnen und Schüler Aufgaben und Begleitmaterial, Anregungen und wichtige Hinweise finden. Für die Selbstlernphasen ist auch eine Vernetzung über die Schulcloud von enormer Relevanz. Da das eigenständige Lernen, das in diesen Phasen gefordert ist, besondere Herausforderungen an die Schülerinnen und Schüler stellt – das zeigt auch die Evaluation – und von ihnen in der vorangegangenen Schulzeit nicht mit Gewissheit ausreichend eingeübt wurde, haben die Lehrkräfte Hilfestellungen entwickelt. So werden die Selbstlernphasen durch regelmäßigen Kontakt eng begleitet. Zudem wurde ein Leitfaden zum Online-Lernen mit unterstützenden Informationen und Hinweisen erstellt. In online gehaltenen Short Sessions erläutern die Lehrkräfte den Teilnehmenden beispielsweise Möglichkeiten, Lernergebnisse mithilfe von Applikationen auf dem iPad kreativ darzustellen. Die Befragung der Schülerinnen und Schüler macht deutlich, dass sie sich auf diese vielfältigen Weisen auch in den Selbstlernphasen gut begleitet fühlen.

Besonders in Phasen, die auf Selbstständigkeit der Schülerinnen und Schüler setzen, sind regelmäßige Rückmeldungen wichtig.[15] In der Befragung zeigte sich diesbezüglich mehrheitliche Zufriedenheit, aber auch, dass einige Lernende sich ausführlicheres Feedback von den Lehrkräften wünschen. In den Interviews betonten diese wiederum bei aller offensichtlichen Relevanz den damit verbundenen Aufwand. In diesem Kontext lohnt es sich, nach effizienten Möglichkeiten des Feedbacks zu suchen. Audioaufnahmen anstelle von schriftlichen Ausführungen könnten ein Beispiel dafür sein. Um bei der gegebenen Vielfalt an Leistungen die Bewertungskriterien möglichst transparent zu halten, wurden zusätzlich Handreichungen zur Leistungsbewertung für die Schülerinnen und Schüler erstellt. Peer-Feedback wird von den Schülerinnen und Schülern bisher kaum eingefordert. Zwar scheint hier aus der Perspektive der Lernenden kein Defizit wahrgenommen zu werden, über mögliche Potentiale dieser Rückmeldung u. a. für eine Intensivierung kollaborativer Arbeitsformen lohnt es sich aber nachzudenken. Eine Verstärkung des Peer-Feedbacks könnte bspw. probeweise etabliert und gemeinsam reflektiert werden.

Die Präsenzphasen, die als Videokonferenz für alle Teilnehmenden oder als hybrides Format gestaltet werden, schätzen die Schülerinnen und Schüler insgesamt sehr positiv ein. Auch die Lehrkräfte betonen einen zunehmend aktiven Austausch in der Lerngruppe. Die Befragung verdeutlicht, dass die virtuellen Präsenzphasen von den meisten Teilnehmenden nicht als defizitär gegenüber Präsenzphasen vor Ort angesehen werden. Austausch und Diskussion ist auch

---

[15] Vgl. Hoffmann, Markus (2022): Unterrichtsphasen begründet gestalten. In: Hoffmann, Markus/Otten, Gabriele/Sajak, Clauß Peter: Schritt für Schritt zum guten Religionsunterricht. Praxisbuch für Studium, Referendariat und Berufseinstieg. 2., überarbeitete Neuauflage. Seelze, S. 97–123.

via Videokonferenz möglich, sollte aber beispielsweise durch den Einsatz digitaler Gruppenräume verstärkt werden. Im Vergleich der beiden Evaluationsergebnisse zeigt sich diesbezüglich bereits eine Verbesserung.

Mit Blick auf die Konzipierung von Unterricht im Blended Learning-Format ist noch einmal zu betonen, dass im Rahmen von *KathReliOnline* Online- und Präsenzphase gleichberechtigt nebeneinanderstehen sollen. Die Onlinephase ist keineswegs ausschließlich dazu gedacht, die Präsenzphase vorzubereiten. Die didaktische Konzeption sieht eine motivierende virtuelle Lernumgebung für die Selbstlernphasen vor, in der die Schülerinnen und Schüler Wissen nicht nur erwerben, sondern vertiefen, sich kritisch damit auseinandersetzen und es anwenden können. Dabei sollen Schülerinnen und Schüler auch individuelle Schwerpunkte setzen, eigene Entscheidungen bei der kreativen Umsetzung von Aufgaben treffen und ihr Lerntempo selbst bestimmen. Die Lehrkraft wird in dieser Selbstlernphase nicht durch ein virtuelles System ersetzt, sondern ist ein Teil der virtuellen Lernumgebung. Sie stellt die Aufgaben und ist auch während der Selbstlernphase für die Lernenden erreichbar. Sowohl die Lehrerinneninterviews als auch die Befragung der Schülerinnen und Schüler zeigt, dass dies von beiden Seiten der am Lernprozess Beteiligten als gelungen und hilfreich eingeschätzt wurde.

5.3   Unterrichtsinhalte

Die Unterrichtsinhalte im Projekt orientieren sich an den Vorgaben der Lehrpläne für das Fach Katholische Religionslehre sowie am Kursplan Medienkunde.

Um der Komplexität des Lehrplans und den besonderen Lernanforderungen im Blended Learning-Unterricht gerecht zu werden, wurde der Lehrplan von den Lehrkräften intensiv begutachtet und der Lernumgebung angepasst. Dafür haben zwei bereits seit Beginn eingebundene Lehrkräfte Stoffverteilungspläne erstellt, die auch von dazukommenden Lehrenden genutzt werden sollten. Innerhalb des Projektzeitraums haben sie diese Pläne überarbeitet. Schwerpunktsetzungen und kleinere Reduktionen waren dabei unerlässlich, um für die eigenständige und kreative Arbeit der Schülerinnen und Schüler Raum und Zeit zu gewinnen. Prinzipiell aber finden sich die Aspekte des Thüringer Lehrplans wieder, sodass die (auch für eine Abiturprüfung) erforderlichen Sachkompetenzen erworben werden können. Anmerkungen in den erstellten Plänen verdeutlichen zudem Querverbindungen zwischen den Themengebieten. Insgesamt zeugen die differenzierten Stoffverteilungspläne von der Notwendigkeit, die Inhalte sorgfältig für die Selbstlern- und Präsenzphasen aufzubereiten. In beiden Phasen werden Inhalte sowohl erarbeitet als auch vertieft, die Selbstlernphase ist also – wie oben bereits skizziert – nicht ausschließlich als inhaltliche Vorbereitung für die Präsenzphase konzipiert. Gleichermaßen werden Präsenzphasen häufig zur gemeinsamen Diskussion und Präsentation der erarbeiteten Inhalte genutzt. Das benötigte Material sowie Dokumente mit Aufgabenstellungen und Hilfen werden von den Lehrkräften in die Thüringer Schulcloud geladen. Die digitalen Lernräume laden zum kooperativen und kreativen Arbeiten ein und fordern zum kritischen Denken auf, indem bereitgestellte Materialen (u. a. Quellen, Sachtexte, Bilder und Videos) aufmerksam gesichtet und geprüft werden müssen und gewonnene Erkenntnisse in Form neuer Lernprodukte aufbereitet werden sollen.

Im Hinblick auf die unterrichteten Inhalte bestätigen die befragten Lehrpersonen, dass im Projekt zu großen Teilen die Anforderungen des Lehrplans erfüllt werden konnten. Auch erfolgreich absolvierte mündliche Abiturprüfungen bekräftigen diesen Eindruck. Kleine Reduktionen waren aufgrund der zeitintensiven individualisierten Lernphasen notwendig, dem Lernprozess der Schülerinnen und Schüler angesichts der ertragreichen Lernprodukte aber augenscheinlich förderlich: Dies wurde von den Schülerinnen und Schülern bekräftigt und von den Lehrerinnen vor allem anhand der entwickelten Lernprodukte bestätigt. In Bezug auf die im Lehrplan erwähnten Methodenkompetenzen kommt es durch die fokussierte Nutzung digitaler Medien sogar zu Erweiterungen, indem Inhalte auf kreative und individuelle Weise durch die Schülerinnen und Schüler digital aufbereitet werden: Durch Auswahlmöglichkeiten und eigene Schwerpunktsetzungen ist eine breite Palette an Lernprodukten entstanden, die von digitalen Lernplakaten über Podcasts zu interaktiven eBooks reichen. Dass diese Freiheiten – immer im großen Rahmen des vom Lehrplan Geforderten – dem Lernen zuträglich sind, betonen auch die Schülerinnen und Schüler (vgl. bspw. Beantwortung der Abschlussfrage).

Auch zukünftig ist zur Erstellung eines Stoffverteilungsplans für den *KathReliOnline*-Unterricht eine enge Zusammenarbeit der Lehrkräfte unbedingt wünschenswert, damit von der Erfahrung und dem Arbeitseinsatz aller profitiert werden kann.

5.4   *Lernen mit digitalisierten Möglichkeiten – Technik und Medien*

Vorteile digitaler Medien sind schnell benannt und zeigen sich auch im Rahmen der Evaluation eindrucksvoll: subjektorientiertes und dezentrales Arbeiten, Nutzung kooperativer Tools, Ermöglichung individualisierter Lernwege – durch Digitalisierung ergeben sich große Chancen für ein verändertes Lehr-Lern-Verständnis. Selbstverständlich darf die Offensichtlichkeit dieser Vorteile zu keinem blinden Technik-Enthusiasmus führen. Vielmehr muss es darum gehen, die Bedingungen eines Lernens in der Kultur der Digitalität wahrzunehmen und zu analysieren, um dann die spezifischen Qualitäten verschiedener Medien einzusetzen.

Um sich angesichts dieser Forderungen zu orientieren, wird gerne auf das mittlerweile sehr populäre „SAMR-Modell" nach Puentedura[16] zurückgegriffen, das den „Mehrwert" digitaler Medien bestimmen will. Sicherlich kann dieses Modell als hilfreiches Instrument einer didaktischen Analyse genutzt werden, um Einsatzweisen digitaler Medien kritisch zu prüfen.

Puentedura unterscheidet zwischen vier Ebenen: Auf der Ebene der *Substitution* werden wortgemäß analoge Medien durch digitale ersetzt, ohne dass eine funktionelle Veränderung damit einhergeht. Das Schreiben mit Textverarbeitungsprogrammen (ohne Rechtschreibprüfung) lässt sich auf dieser Ebene genauso einordnen wie die Nutzung digitalisierter Arbeitsblätter oder Texte. Die Ebene der *Augmentation* verlangt eine Erweiterung, das digitale Pendant muss also Funktionen bieten, die vom analogen nicht zu erwarten sind.

Während diese ersten beiden Ebenen also die Möglichkeiten einer Erweiterung nicht überschreiten, sollen die letzten beiden laut Puentedura der tatsächlichen Umgestaltung, der Transformation also, dienen. Auf der Ebene der Änderung bzw. Abwandlung (Modification) werden Aufgaben, die auch analog gestellt werden könnten, so umformuliert, dass sie eine digitale Unterstützung erforderlich machen. Hier ermöglicht Technologie also eine maßgebliche Neugestaltung von Aufgaben. Puentedura versteht darunter u. a. die Integration textueller, auditiver und visueller Werkzeuge. Zur Ebene der Neubelegung (Redefinition) gehören solche Aufgaben, die ohne technologische Unterstützung nicht realisierbar wären. Technologie ermöglicht in diesem Kontext also erst die Entwicklung neuer Aufgaben.

Wie jedes Modell pauschalisiert und vereinfacht auch dieses nach Puentedura. Misst man den Einsatz digitaler Medien aber an der vorgeschlagenen Kategorisierung, kann zumindest vermieden werden, dass dieser zum reinen Selbstzweck wird.

Die Lehrkräfte im Projekt haben großen Wert auf die Entwicklung von Aufgabenstellungen gelegt, die digitale Medien im Sinne einer Modification und auch Redefinition einbinden. Schülerinnen und Schüler haben unter anderem PowerPoint-Präsentationen mit Audios versehen, Podcasts aufgenommen, digitale Flyer sowie Instagram-Accounts erstellt.

Die Befragung hat eine große Zufriedenheit mit der technischen Ausstattung sowie der digitalen Infrastruktur ergeben. Durch die Ausstattung aller Teilnehmenden mit einem iPad sowie nützlicher Software haben sie die Möglichkeit, an Videokonferenzen teilzunehmen, auf die Schulcloud zuzugreifen und Lernprodukte unterschiedlichster Art zu erstellen. Über die Thüringer Schulcloud können sich Schülerinnen und Schüler verschiedener Schulen sowie die Lehr-

---

[16]   Vgl. u. a. Puentedura, Ruben R. (2016): The SAMR Model. Technological Integration into Higher Education. Online verfügbar unter: SAMRModel_TechnologicalIntegrationInto HigherEducation.key (hippasus.com). (Zuletzt geprüft am 10.08.2023).

kräfte vernetzen, bekommen Material zur Verfügung gestellt und können Arbeitsergebnisse hochladen. Insgesamt ist es durch diese Rahmenbedingungen möglich, eine Medienvielfalt in den Religionsunterricht zu integrieren, die laut Befragung von Schülerinnen und Schülern wahrgenommen und als motivierend eingeschätzt wird.

6.   Fazit und Ausblick: Ergebnisse und Perspektiven

Für ein entdeckendes, selbstständiges und individualisiertes Lernen unter dem Primat der Kompetenzen des 21. Jahrhunderts setzt *KathReliOnline* auf ein verändertes Raum-Zeit-Gefüge, das – anders als vielfach im Rahmen der Pandemie – keine Übergangslösung darstellt. Digitale Medien gestalten hier schulische Lehr-Lern-Prozesse um. Sie sind dabei stets Gegenstand kritischer Reflexion, denn ein solch reflektierter Umgang mit digitalen Medien ist Voraussetzung für mündige Teilhabe in einer Kultur der Digitalität. Bei aller Innovation, die sich im Kontext dieses Projekts zeigt, bleiben selbstverständlich (auch) traditionelle Unterrichtsskripte relevant. Immer wieder geht es um die Übertragung von Bewährtem in den digitalen Raum, wobei nicht jedes Mal grundlegende Modifikationen erforderlich sind. Insgesamt sind weiterhin fundierte didaktische Kompetenzen entscheidend und nicht selten werden – das zeigt sich auch im Rahmen der Evaluation gerade in Bezug auf die Planung der einzelnen Phasen – im Rahmen des Projekts von den Lehrpersonen klassische didaktische Dimensionen und Fragestellungen neu (oder wieder-)entdeckt.

Nicht nur für die Lernenden ist der Erwerb von Medienkompetenzen unerlässlich. Die Lehrenden selbst müssen, um digitale Medien begründet und zielführend einzusetzen und die Lebenswelt der Schülerinnen und Schüler dabei angemessen zu berücksichtigen, ihre Medienkompetenzen ständig weiterentwickeln.

Weil Lernen sich wesentlich durch emotional-soziale Komponenten auszeichnet, sind zudem das Beziehungsgeschehen sowie die Wahl der Lerninhalte für erfolgreiche Lehr-Lern-Kontexte äußerst relevant. Die Befragungen haben gezeigt, dass sowohl Lernende als auch Lehrende die Kommunikation insgesamt äußerst positiv bewerten. Zur fortlaufenden Verbesserung wird an Möglichkeiten der Kooperation sowie konstruktiver Rückmeldung gearbeitet. Auswahlmöglichkeiten in Bezug auf Unterrichtsgegenstände und individualisierte Lernwege erleichtern den Lebensweltbezug im Rahmen des Unterrichts. So wurde die digitale Lernumgebung von den Schülerinnen und Schülern als motivierend wahrgenommen. Die eigenen Lernfortschritte – sowohl auf den Unterrichtsinhalt als auch auf die Medienkompetenz bezogen – bewerteten die Schülerinnen und Schüler positiv.

Um die hohen Anforderungen, die das Projekt an die Lehrkräfte stellt, erfüllen zu können, müssen diese auf möglichst vielen Wegen entlastet werden. Eine Stoffreduktion, die den Lehrplan immer noch angemessen berücksichtigt, wurde bereits durchgeführt. Für die Zukunft des Projekts erscheint eine Vernetzung aller beteiligten Lehrkräfte besonders wichtig: Sie sollten in ständigem Austausch stehen, Material teilen, um den Arbeitsaufwand zu reduzieren, und Empfehlungen bezüglich hilfreicher Tools und Fortbildungen weitergeben. Auch bereits bestehende externe Materialsammlungen könnten stärker eingebunden werden. Auf diese Weise kann der aktuell sehr große Arbeitsumfang möglicherweise auf ein besser tragbares Maß gesenkt werden.

Das *Center for Curriculum Redesign* hat ein „Framework von Kompetenzen für das 21. Jahrhundert"[17] entwickelt, auf das in Diskussionen über Bildungsanforderungen in einer digitalen Welt bei aller berechtigten Kritik häufig auch anerkennend verwiesen wird. Das erklärte Ziel der Publikation ist es, ein Curriculum für eine Welt im Wandel zu entwerfen, denn, so wird in der Einleitung behauptet: „Die Welt, für die unser Bildungswesen geschaffen wurde, existiert nicht mehr."[18] Das der Publikation zugrundeliegende Bildungsverständnis weist eine funktionale und nicht zuletzt wohl ökonomistische Orientierung auf, und sicherlich ist zu hinterfragen, wie stark sich schulische Bildung nach dem Arbeitsmarkt mit seinen Anforderungen richten sollte. Dennoch kann das Modell eine anregende Grundlage für Diskussionen um die Neugestaltung von Bildungszielen bieten. Vier Dimensionen von Bildung sieht das Curriculum vor: Die Dimension des „Meta-Lernens" bildet den Hintergrund für die Dimensionen „Skills", „Character" und „Knowledge". Besondere Aufmerksamkeit erhält die im Modell beschriebene Dimension der vier „Skills": Kommunikation, Kollaboration, Kreativität und Kritisches Denken. Dieses Framework ist für die Konzeption von *KathReliOnline* eine wichtige Bezugsgröße. Die *KathReliOnline*-Lehrkräfte sind bemüht, Aufgaben zu entwickeln, die kreative Umsetzungsmöglichkeiten eröffnen. Dabei werden die Tablets als Arbeitsgeräte eingebunden und die Arbeit mit diesen begleitet und gefördert, wodurch auch ein Beitrag zur Förderung der Medienkompetenz geleistet wird. Die Arbeitsergebnisse der Schülerinnen und Schüler zeugen in ihrer Vielfalt tatsächlich von den Möglichkeiten kreativer Umsetzungen. Die Teamstruktur der Lernplattform ermöglicht grundsätzlich Kooperation und Kollaboration unter den Lernenden sowie die Kommunikation mit der Lehrkraft, was den kreativen Zugängen durchaus förderlich ist. Auch in virtuellen Präsenzphasen gelingt mittlerweile lebhafterer Austausch. Anregende Lernumgebungen und offene Aufgabenformate, die auf Selbstständigkeit und

---

[17]   Vgl. Fadel, Charles/Bialik, Maya/Trilling, Bernie (2017): Die vier Dimensionen der Bildung. Was Schülerinnen und Schüler im 21. Jahrhundert lernen müssen. Hamburg.
[18]   Fadel/Bialik/Bernie: Die vier Dimensionen der Bildung. S. 7.

kritisches Denken setzen, sind fester Bestandteil des Unterrichts. Die Schülerinnen und Schüler reflektieren und verbessern ihre eigenen Lernprozesse, indem sie Selbstlernphasen mit konstruktiver Begleitung durchlaufen.

Das tendenziell funktionalistische Bildungsverständnis, das der Dimension der genannten Skills zugrunde liegt, kann jedoch alleinige Orientierung für zukunftsfähigen Religionsunterricht nicht sein. Viera Pirker merkt zurecht an, religiöse Bildung müsse die Dimension der Skills überschreiten und die Dimension der Charakterbildung fokussieren: „Mit dieser Schwerpunktsetzung kann er [der Religionsunterricht, Anm. d. Verf.] hinterfragend und subversiv zugleich ein allzu funktionalistisches Bildungsverständnis einrahmen [...]"[19]. So – subversiv nämlich – kann dieser Unterricht seiner Aufgabe gerecht werden, Individuen in ihrer Persönlichkeitsentwicklung zu stärken, Dialogfähigkeit zu fördern und auf die Realitäten der Schülerinnen und Schüler zu reagieren. Dieser Fokus ist auch in *KathReliOnline* durch die im Projekt Unterrichtenden verfolgt und in den Interviews reflektiert worden. In diesem Sinne kann der Religionsunterricht als Reflexionsort für existentielle Veränderungen dieser Zeit verstanden werden, welche die Schülerinnen und Schüler unmittelbar betreffen: „Wohl brechen in den beschriebenen infrastrukturellen Möglichkeiten anthropologische und ekklesiologische Grundfragen ebenso wie ethische Dimensionen auf, die durchaus in ihrer theologischen Qualität konturiert werden können und damit auch religionspädagogisch zu stellen sind [...]"[20].

Medienbildung muss in „den Kontext einer umfassenden Persönlichkeitsbildung und kulturellen Bildung"[21] gestellt werden. Dabei sollen Schülerinnen und Schüler konstruktiv-kritisch begleitet werden, um einen mündigen und sicheren Umgang mit Medien zu entwickeln und ein verantwortungsbewusstes Leben in einer Kultur der Digitalität zu führen. Der Religionsunterricht bietet sich für eine solche Begleitung an, war religiöse Bildung doch schon immer auf Medien angewiesen, die nun in der digitalen Welt einen entsprechenden Wandel erfahren. Biblische Tradition und kirchengeschichtliche Zusammenhänge helfen dabei, das Verhältnis von Medien und Realität zu bedenken. Erforderlich sind also „medienethische Reflexionen auf Grundlage der christlichen Glaubenstradition"[22].

---

[19] Pirker, Viera (2020): Die 4k neu f.r.a.m.e.n. Religiöse Bildung im 21. Jahrhundert. Online verfügbar unter: https://www.lehren-und-lernen.ch/die-4k-neu-f-r-a-m-e-n-religioese-bildung-im-21-jahrhundert/#4K. (Zuletzt geprüft am 02.08.2023).

[20] Pirker, Viera (2020): Religionspädagogik in der digitalen Transformation. S. 26.

[21] Pirner, Manfred (2018): Medienbildung und Medienkompetenz im Kontext religiöser Bildung. ERG.CH (Materialien zum Fach Ethik, Religionen, Gemeinschaft). Online verfügbar unter: https://www.ethik-religionen-gemeinschaft.ch/pirner-medienbildung-und-medienkompetenz/?print=pdf. S. 7. (Zuletzt geprüft am 02.08.2023).

[22] Heger, Johannes (2020): Digital, medial, egal? Religiöse Kompetenz angesichts einer mediatisierten Welt. In: Tomberg, Markus/Verburg, Winfried (Hg.) (2020): RU 4.0. Religiöse Bildung und Digitalisierung. Dokumentation des 15. Arbeitsforums für Religionspädagogik. Fulda. S. 33–60. S. 47.

Damit sind hohe Ansprüche an Religionsunterricht formuliert, die im Rahmen der Evaluation selbstverständlich nicht vollständig überprüft werden konnten. Neben den Erhebungsergebnissen zeugen aber auch die Materialien, von denen einige über diesen Band zugänglich werden, davon, dass das Projekt Religionsunterricht und Digitalisierung im Sinne des geschilderten Bildungsverständnisses zusammenzubringen versucht. Angesichts der Evaluationsergebnisse lässt sich zumindest für die untersuchten Aspekte konstatieren, dass dem Projekt ein großer Erfolg beschieden ist. In allen evaluierten Bereichen fällt das Gesamtbild überwiegend positiv aus. Die zusätzlichen Kommentare der Schülerinnen und Schüler zeugen von besonderer Wertschätzung des Unterfangens. Um den Unterricht im Rahmen von *KathReliOnline* dauerhaft erhalten zu können, muss der Arbeitsaufwand der Lehrkräfte durch gesteigerte Effektivität im Hinblick auf Rückmeldungen, die Sammlung sowie gemeinsame Entwicklung von Material und zunehmenden Austausch reduziert werden.

KathReliOnline ist ein Projekt, das religiöses Lernen im 21. Jahrhundert neu zu (be)denken versucht – und so einen innovativen Weg gefunden hat, katholischen Religionsunterricht auch in Diasporagebieten motivierend und ertragreich aufrechtzuerhalten.

Zusammengefasst: Religionsdidaktische Perspektiven

1. Online gestützter Religionsunterricht setzt *eine angemessene Ausstattung mit Endgeräten (hier: Tablets) und einer digitalen Plattform* für den Datenaustausch und die Kommunikation voraus (hier: Schulcloud des Bundeslandes). Erst auf dieser Basis kann die Medienkompetenz der Schülerinnen und Schüler ernst genommen, reflektiert und gefördert werden. Die Arbeitsergebnisse und -produkte der Schülerinnen und Schüler im Projekt zeigen eine Vielfalt kreativer Umsetzungen in der Arbeit mit digitalen Tools.

2. *Eine Teamstruktur*, wie sie im Projekt zur Gestaltung der Lernplattform, etabliert worden ist, ermöglicht Kooperation und Kollaboration unter den Lernenden sowie eine regelmäßige und unaufwändige Kommunikation mit den Lehrkräften, was für den kreativen Zugang förderlich ist.

3. Um in den Präsenzphasen zu einem lebhaften Online-Austausch zu kommen, bedarf es *Zeit und Geduld*. Schülerinnen und Schüler der Projektschulen mussten sich erst mit einer unterrichtlichen Kommunikation im digitalen Raum vertraut machen. Ein Wechsel der Sozialformen, bspw. Austausch in sogenannten *Breakout-Rooms*, sowie *gemeinsame Rituale* (z.B. zu Beginn der Videokonferenzen) können den Austausch fördern.

4. *Eine anregende Lernumgebung und offene Aufgabenformate*, die auf Selbstständigkeit und Positionierung setzen, helfen den Schülerinnen und Schülern, ihre eigenen Lernprozesse zu reflektieren und zu verbessern. Bei solchen metakognitiven Elementen müssen die Lernenden auch in den Selbstlernphasen konstruktiv begleitet werden.

5. Zwingend notwendig ist zudem *eine Stoffreduktion*, die zwar auf der einen Seite den geltenden Lehrplan angemessen berücksichtigt, auf der anderen Seite aber den Lernanforderungen im Blended Learning-Unterricht gerecht wird.

6. Auch Lehrerinnen und Lehrer benötigen *Anleitung, Beratung und Fortbildung*, um digitale Medien begründet und zielführend einsetzen und die Lebenswelt der Schülerinnen und Schüler dabei angemessen berücksichtigen zu können.

7. Schließlich hat sich im Projekt gezeigt, wie wichtig *die Vernetzung aller beteiligten Lehrkräfte* ist: Sie müssen in ständigem Austausch stehen, um Materialien oder Hinweise auf bestehende externe Sammlungen zu teilen, Empfehlungen bezüglich hilfreicher Tools auszugeben und Fortbildungen zu kommunizieren. So kann der erhöhte Arbeitsaufwand in einem Online-Religionsunterricht in hilfreicher Weise reduziert werden.

Literatur

Bertelsmann-Stiftung (Hg.) (2019): Megatrend-Report #1: The Bigger Picture. Wie Globalisierung, Digitalisierung und demographischer Wandel uns herausfordern. Online verfügbar
unter: https://www.bertelsmann-stiftung.de/fileadmin/files/BSt/Publikationen/Graue
Publikationen/Megatrend_Report_1_MT_The_Bigger_Picture_2019.pdf. (Zuletzt geprüft
am 08.08.2023).

Fadel, Charles/Bialik, Maya/Trilling, Bernie (2017): Die vier Dimensionen der Bildung. Was
Schülerinnen und Schüler im 21. Jahrhundert lernen müssen. Hamburg.

Geisler, Alissa (2022): Religionsunterricht in einer Kultur der Digitalität. In: Engagement 30 H.
3, S. 175–180.

Günther, Julia (2020): KathReliOnline – Neues wagen! In: Tomberg, Markus/Verburg, Winfried
(Hg.) (2020): RU 4.0. Religiöse Bildung und Digitalisierung. Dokumentation des 15. Arbeitsforums für Religionspädagogik. Fulda, S. 100–112.

Heger, Johannes (2020): Digital, medial, egal? Religiöse Kompetenz angesichts einer mediatisierten Welt. In: Tomberg, Markus/Verburg, Winfried (Hg.) (2020): RU 4.0. Religiöse Bildung und Digitalisierung. Dokumentation des 15. Arbeitsforums für Religionspädagogik.
Fulda, S. 33–60.

Hoffmann, Markus (2022): Unterrichtsphasen begründet gestalten. In: Hoffmann, Mar-
kus/Otten, Gabriele/Sajak, Clauß Peter: Schritt für Schritt zum guten Religionsunterricht.
Praxisbuch für Studium, Referendariat und Berufseinstieg. 2., überarbeitete Neuauflage.
Seelze, S. 97–123.

Hunze, Guido (2021): Technisches Upgrade oder soziokulturelle Transformation? Warum Digitalisierung mehr als der Einsatz digitaler Medien in der Lehre ist. In: Burke, Andree/Hie-
pel, Ludger/Niggemeier, Volker/Zimmermann, Barbara (Hg.) (2021): Theologiestudium
im digitalen Zeitalter. Stuttgart, S. 97–120.

Kultusministerkonferenz (Hg.) (2016): Bildung in der digitalen Welt. Strategie der Kultusministerkonferenz. S. 12. Online verfügbar unter: https://www.kmk.org/fileadmin/Datei-
en/pdf/PresseUndAktuelles/2018/Digitalstrategie_2017_mit_Weiterbildung.pdf. (Zuletzt
geprüft am 09.08.2023).

Mayring, Philipp (2022): Qualitative Inhaltsanalyse. Grundlagen und Techniken. Weinheim.

Nord, Ilona (2017): Religionspädagogik in einer mediatisierten Welt: Einige grundlegende
Überlegungen aus deutscher Perspektive. In: Dies./Zipernovszky, Hanna: Religionspädagogik in einer mediatisierten Welt. Religionspädagogik innovativ. Band 14. Stuttgart, S.
26–40.

Nord, Ilona (2021): Religiöse Sozialisation von Jugendlichen in mediatisierter Welt. Ausgangsfragen und Zielsetzungen. In: Beck, Wolfgang/Nord, Ilona/Valentin, Joachim (2021): Theologie und Digitalität. Ein Kompendium. Freiburg im Breisgau, S. 257–280.

Overmeyer, Heiko/Schoden, Patrick (2020): Form Follows Function – Gedanken zum Problem
der religionspädagogischen Fortbildung unter dem Zeichen der Digitalität. In: Tomberg,
Markus/Verburg, Winfried (Hg.) (2020): RU 4.0. Religiöse Bildung und Digitalisierung. Dokumentation des 15. Arbeitsforums für Religionspädagogik. Fulda, S. 150–164.

Pirker, Viera (2020a): Religionspädagogik in der digitalen Transformation. In: Tomberg, Mar-
kus/Verburg, Winfried (Hg.) (2020): RU 4.0. Religiöse Bildung und Digitalisierung. Dokumentation des 15. Arbeitsforums für Religionspädagogik. Fulda, S. 12–32.

Pirker, Viera (2020b): Die 4k neu f.r.a.m.e.n. Religiöse Bildung im 21. Jahrhundert. Online verfügbar unter: https://www.lehren-und-lernen.ch/die-4k-neu-f-r-a-m-e-n-religioese-bil
dung-im-21-jahrhundert/#4K. (Zuletzt geprüft am 02.08.2023).

Pirner, Manfred (2018): Medienbildung und Medienkompetenz im Kontext religiöser Bildung. ERG.CH (Materialien zum Fach Ethik, Religionen, Gemeinschaft). Online verfügbar unter: https://www.ethik-religionen-gemeinschaft.ch/pirner-medienbildung-und-medienkompetenz/?print=pdf. (Zuletzt geprüft am 09.08.2023).

Puentedura, Ruben R. (2016): The SAMR Model. Technological Integration into Higher Education. Online verfügbar unter: SAMRModel_TechnologicalIntegrationIntoHigherEducation.key (hippasus.com). (Zuletzt geprüft am 10.08.2023).

Sajak, Clauß Peter/Feindt, Andreas (2012): Räume zur selbsttätigen Aneignung schaffen. Zur Signatur kompetenzorientierter Unterrichtsgestaltung im Religionsunterricht. In: Theo-Web. Zeitschrift für Religionspädagogik 11, S. 164–178.

Stalder, Felix (2016): Kultur der Digitalität. Berlin.

„Und es war auch eine ganz neue Art zu lernen" *KathReliOnline* aus Schülerinnen-Perspektive

Alissa Geisler

Um differenziertere Einblicke in die Sicht der Lernenden auf das Projekt zu erhalten, wurden fünf Schülerinnen, die sich auf Anfrage zu einem Gespräch bereit erklärten, im Juni 2023 interviewt. Die Befragungen fanden via Videokonferenz statt.

Zwei der fünf Interviewten nahmen zur Zeit des Gesprächs noch am *KathReliOnline*-Religionsunterricht teil und besuchten die 12. Klasse. Sie wurden gemeinsam interviewt. Drei hingegen hatten ihr Abitur bereits im Vorjahr absolviert und blickten so mit einiger Distanz auf ihre Teilnahme. Auch mit ihnen wurde ein Gruppeninterview geführt.

Folgende Themenkomplexe standen im Fokus der Befragung und sollen Aufschluss geben über die Wahrnehmung und Bewertung von *KathReliOnline* aus Perspektive der Lernenden: Selbstlernphasen, Kommunikation und Beziehungsgestaltung, Arbeit mit dem iPad und digitalen Medien und Verbesserungsvorschläge.

Die Vergleichbarkeit der Interviews wurde mittels eines halbstandardisierten Interviewleitfadens sichergestellt. Aus dem Interviewmaterial wurden induktiv Kategorien gewonnen und mit abstrahierenden Schlagwörtern versehen. Die Auswertung orientiert sich an der zusammenfassenden qualitativen Inhaltsanalyse nach Mayring.[1] Die Ergebnisse der qualitativ-explorativen Befragung der fünf Schülerinnen sollen als Impulse aus der Praxis in die theoretische Diskussion hineinwirken.

1. Innovation

Deutlich zeigt sich, dass die Schülerinnen *KathReliOnline* als ein insgesamt innovatives Projekt bewerten: „Ich finde, das ist halt Innovation, [...] dieses Projekt" (Li, Z. 338). Betont wird, dass diese Innovation nicht allein den Einsatz digitaler Medien betreffe, sondern eine Veränderung des Lernens an sich impliziere: „Mir fällt auf jeden Fall ein, dass es generell eine sehr neue Art des Lernens ist." (C, Z.

---

[1] Vgl. Mayring, Philipp (2022): Qualitative Inhaltsanalyse. Grundlagen und Techniken. Weinheim.

10) Eine Differenz zu analogem Unterricht wird dabei unterstellt: „Besonders hat mir halt gefallen, dass es halt anders als in der Schule war." (L, Z. 39f.) Dabei scheint der Maßstab – „in der Schule" – für die Schülerin ein überwiegend frontaler sowie expositorischer oder fragend-entwickelnder Unterricht zu sein: „Also nicht immer nur: Der Lehrer sagt etwas und dann antwortet der Schüler oder der Lehrer gibt halt die Informationen." (L, Z. 40f.) Während „man das natürlich unter anderem auch hatte" (L, Z. 42), setze *KathReliOnline* zudem auf projektorientiertes Arbeiten mit digitalen Medien: „[...] aber wir halt generell viel anders gearbeitet haben. Also wir haben ja auch ganz viele Projekte gemacht, Videos aufgenommen und sowas. Also mal was komplett anderes und das war halt sehr schön." (L, Z. 42-45) Aussagen wie diesen lassen sich auch implizite Haltungen zum analogen Unterricht entnehmen. Im Folgenden soll jedoch der Fokus darauf liegen, wie die angesprochene neue Art des Lernens im Rahmen von *KathReliOnline* sich aus Schülerinnenperspektive darstellt und welche Impulse sich daraus für gelingende Lernprozesse im digitalen Religionsunterricht gewinnen lassen.

2.   Eigenständigkeit und (zeitliche) Flexibilität

„Ich glaube, was mir am besten gefallen hat, ist, dass man seine eigene Art hatte, wie man das Ganze angeht." (L, Z. 85f.) Was die Schülerin hier als besonders positiven Aspekt hervorhebt – nämlich eine große Eigenständigkeit im Hinblick auf das Arbeiten –, mag für andere wiederum eine Herausforderung sein. So werden anfängliche Vorbehalte durchaus erwähnt: „Am Anfang war es [...] eine große Umstellung. Und um ehrlich zu sein, waren wir auch am Anfang ein bisschen skeptisch, wie das Ganze funktioniert oder ob das überhaupt funktionieren wird." (Ly, Z. 30-32) Auch von Überforderung zu Beginn ist die Rede (vgl. Ly, Z. 270f.).

Die Schülerinnen und Schüler sind im Rahmen des *KathReliOnline*-Unterrichts durch die Selbstlernphasen – in anscheinend ungewohntem Maße – dazu aufgefordert, sich und den Lernprozess selbst zu organisieren. Vor allem im Hinblick auf das Zeitmanagement haben sie in diesen Phasen nur wenige Vorgaben. Von allen interviewten Schülerinnen wird diese zeitliche Flexibilität insgesamt positiv bewertet: „Also ich fand es einfach so vom Organisieren, auch generell vom Arbeitsalltag, vom Schulalltag einfach sehr schön, weil du halt frei entscheiden konntest, wann du das machen willst und wann du halt in der besseren körperlichen Situation warst, das zu meistern." (M, Z. 71-74) Diese Freiheit könne auch ausgenutzt oder falsch eingeschätzt werden: „Das war natürlich manchmal so, da hat man es vielleicht verpasst [...]" (Ly, Z. 84f.). Dennoch habe die Flexibilität für die Schülerinnen vor allem zu einem großen Lernprozess geführt: „Aber dadurch hat man eben gelernt, sich die Zeit besser einzuteilen. Also da muss ich auch sagen, hatte ich früher auch sehr viele Probleme damit." (Ly, Z. 86-88)

Betont wird bei aller Herausforderung zudem der entlastende Aspekt flexiblen Arbeitens von zu Hause aus: „Also man hatte da keinen zeitlichen Druck und das fand ich persönlich sehr schön, weil man halt dadurch psychisch auch enorm entlastet wurde." (M, Z. 37f.) Auch Andrea Dietzsch und Stefanie Pfister stellen in diesem Zusammenhang auf Basis breiter empirischer Erkenntnisse in Bezug auf die Covid-19-Pandemie für das digitale Lernen heraus: „Mitunter fühlen sich Schüler:innen in der Schule in ihrem Lernen gestört oder Stressmomenten ausgesetzt und schätzen deshalb das selbstbestimmte, ungestörte Lernen zu Hause im individuellen Lerntempo, mit eigenen Lernwegen und flexibler Einteilung der eigenen Arbeitszeit sehr."[2]Berichte aus der Zeit des Lockdowns haben gewiss auch verdeutlicht, dass Lernen zu Hause oftmals verschiedene Einschränkungen mit sich bringt und deshalb dennoch mit Stress für die Lernenden verbunden sein kann. Fühlt man sich dort jedoch ungestört, birgt das Lernen in der vertrauten Umgebung auch Potential für den eigenen Entwicklungsprozess. Eine Schülerin betont zudem einen positiven Einfluss der vertrauten Umgebung auf das Auftreten in kommunikativen Zusammenhängen: „[...] hatte man eben durch dieses digitale Format einfach die Chance, vielleicht ein bisschen mehr aus sich rauszukommen, weil man ist ja zu Hause in seinen vier Wänden, in seinem persönlichen vertrauten Raum." (Li, Z. 93-96)

Die große Eigenständigkeit, die im Hinblick auf die zeitliche Gestaltung des Lernprozesses erforderlich wird, könne auch zu erhöhtem Aufwand führen: „Allerdings ist es auch sehr zeitaufwendig, das muss man natürlich dazu sagen. In der Unterrichtsstunde ist halt nach 45 Minuten oder 90 Minuten [...] Schluss. Und hier ist es nicht so, dass der Lehrer sagt: ,So, der Unterricht ist jetzt vorbei', sondern man muss sich halt seine Zeit selber einplanen." (C, Z. 59-63) Diese kaum vorhandene externe Kontrolle führe dazu, dass „man manchmal auch deutlich länger an den Aufgaben" (C, Z. 64) sitze. Diesbezüglich sollte sich zukünftig um möglichst transparente Kommunikation und Abstimmung mit der Lehrkraft bemüht werden (vgl. C, Z. 401-405).

Die dem Unterrichtsprozess inhärente Forderung nach Eigenständigkeit der Schülerinnen und Schüler ist dem Erwerb von personalen und vor allem von Selbstregulierungskompetenzen dienlich, die für das Lernen – auch oder besonders im digitalen Format – unerlässlich sind[3]. Es geht entschieden um die Selbstbildung durch selbstbestimmte Organisation. Auch angesichts einiger Herausforderungen entwickeln die Schülerinnen und Schüler in den Selbstlernphasen ihre Problemlösefähigkeiten weiter: „[...] und man lernt wirklich neue Fähigkeiten sich anzueignen, auch mal sich selber zu helfen, wenn man nicht weiter

---

[2]   Dietzsch, Andrea/Pfister, Stefanie (2022): Digitaler Religionsunterricht. Fachdidaktische Perspektiven und Impulse. Göttingen. S. 73.

[3]   Vgl. auch: ebd., S. 71.

weiß. Also dass man zum Beispiel dann im Internet nachschaut oder so und man halt wirklich nach Möglichkeiten suchen muss." (C, Z. 287-290)

3.   Struktur

In Bezug auf das eigene Zeitmanagement deutete sich ein sehr wichtiges Schlagwort im Hinblick auf gelingendes Lernen im digitalen Format bereits an: Struktur. Angeregt von einem insgesamt strukturierten Lernsetting – „an sich ist es halt wirklich strukturierter" (C, Z. 317) – habe „man auch gelernt, das alles auch selbst strukturierter abzugeben und zu bearbeiten" (Ly, Z. 309f.).

Besonders gut strukturierte digitale Lernräume trügen zu einer sinnvollen Begleitung bei. Diese Struktur wird gerade im Vergleich mit früherem Religionsunterricht positiv hervorgehoben: „Und jetzt ist in den letzten zwei Jahren viel mehr Struktur reingekommen. Also man hatte einen Überblick darüber, was es eigentlich alles für Themengebiete gibt." (Ly, Z. 304-306) Die auf der Schulcloud immer wieder abrufbaren und nach Lerninhalten sortierten Dateien seien eine Hilfe: „Und das ist auch ganz gut, da man auf der Schulplattform, wo das alles ist, auch immer nochmal nachsehen kann, was man wirklich behandelt hat [...]" (C, Z. 324-326). Auch in Bezug auf die Aufgabenstellungen ist Übersichtlichkeit und präzise Formulierung wichtig: „Und da hatten wir auch unseren Ordner, wo immer die Aufgaben drinstanden. Der war halt einfach übersichtlich, ordentlich, detailliert beschrieben" (Li, Z. 138f.). Die Strukturiertheit der digitalen Lernumgebung übe also letztlich auch Einfluss aus auf die eigene Arbeitsweise: „Also dadurch, dass es eben diese verschiedenen Lernräume gab [...], hat man auch so eine gewisse Struktur vorgegeben gehabt und hat dadurch eben auch seine eigene Struktur finden und anlegen können." (Ly, Z. 353-356)

4.   Begleitung und Unterstützung des individuellen Lernprozesses

Die Fortschritte im eigenständigen Arbeiten und Lernen heben die Schülerinnen besonders hervor. Zu vernachlässigen sei bei alledem jedoch keineswegs eine kompetente und engagierte Begleitung durch die Lehrkräfte.[4] Trotz coronabe-

---

[4]   Auch Dietzsch und Pfister betonen die Relevanz der Unterstützung und Begleitung durch die Lehrenden: „Lehrende müssen erreichbar sein und als Kommunikationspartner:innen

dingt zeitweise kaum möglicher Treffen in analoger Präsenz – wie sie in der Konzeption des Projekts ursprünglich vorgesehen waren – habe es rege Kommunikation mit der Lehrkraft gegeben: „Also der Austausch mit unserer Lehrerin, der lief sehr, sehr gut, und die Frau Krause hat dafür auch sehr viel getan." (L, Z. 129-131) Erreichbarkeit und transparente Kommunikation konnten so zu einem zuverlässigen Lernumfeld beitragen: „[...] man hatte immer das Gefühl, dass Frau Krause dabei war oder dabei ist, wenn man irgendein Problem hatte, weil sie halt immer auch sehr ausführlich auf die Mails geantwortet hat und einem wirklich klare Zielstellungen auch geben konnte [...]" (M, Z. 132-135). Ähnlich schildern es Schülerinnen der anderen Lerngruppe: „[...] man konnte halt in den persönlichen Austausch gehen, in dem Sinne, nur halt per E-Mail." (C, Z. 144f.)

Während eine Schülerin den Austausch mit ihrer Lernkraft im Unterricht zumindest nicht als defizitär im Vergleich mit analogem Unterricht beschreibt – „so viel Unterschied ist da eigentlich gar nicht, weil im Endeffekt redet man über den Unterrichtsstoff und da ist die Frau Günther eigentlich genauso für einen da wie die anderen Lehrer auch" (Ly, Z.177-179) –, betont eine andere sogar die besonders persönliche Kommunikation: „Aber auch dieser persönliche Kontakt war anders. Mit einem Lehrer in der Schule redet man nicht so wie mit der Frau Krause." (L, Z. 321-323) Hier scheint sich der positive Effekt eines festgelegten gemeinsamen Einstiegs zu zeigen: „Und auch in den Videokonferenzen haben wir viel erstmal darüber gesprochen, ob es Probleme gibt, ob wir noch über irgendetwas reden müssen und dann halt auch immer ein bisschen persönlich noch mit dazu." (L, Z. 127-129) Solche ritualisierten Momente – ein zwangloser Austausch zu Beginn jeder Präsenzsitzung – haben offenkundig zur förderlichen Entwicklung auf der Beziehungsebene im digitalen Format beigetragen. Diese Annahme scheint bestätigt, wenn eine Schülerin formuliert: „Also generell war das ganze *KathReliOnline*-Thema sehr persönlich und da hat man auch viel über den anderen kennengelernt." (L, Z. 21-23)

Darüber hinaus sei der Umgang mit digitalen Tools mithilfe der Lehrkräfte intensiv eingeübt worden, sodass die Lernenden sich gut angeleitet fühlten: „Also man hatte wirklich mit Videokonferenzen alles Schritt für Schritt erklärt bekommen, sodass man wirklich, man wusste dann alles." (L, Z. 231f.) Diese anfängliche Anleitung setzte sich dann in steter Begleitung fort: „Und wenn man immer noch etwas nicht wusste, konnte man ja immer nachfragen." (L, Z. 233f.)

---

für Lernende zur Verfügung stehen." (Dietzsch/Pfister: Digitaler Religionsunterricht. S. 71)

5.   Kommunikation und Kooperation innerhalb der Lerngruppe

„Also eigentlich ist da auch eine gute Kommunikation möglich. Man muss halt die Medien oder generell die moderne Technik nutzen." (C, Z. 208f.) Zwar beschreibt die Schülerin die Kommunikation unter den Schülerinnen und Schülern als grundsätzlich gut, weist aber durch das Adverbial „eigentlich" auch auf gewisse Einschränkungen hin. Eine Beziehung, die jener zu Mitschülerinnen und Mitschülern im analogen Klassenraum vergleichbar wäre, lasse sich über Videokonferenzen nicht herstellen: „Aber ich denke mal, es ist halt einfach logisch, dass man jetzt über die Videokonferenzen sich mit anderen Mitschülern nicht so intensiv kennenlernen kann wie in der Realität." (M, S. 5) In dieser Aussage wird die digitale Kommunikation von der Schülerin sogar als von „der Realität" unterschieden beschrieben und damit im Zeichen eines ungeklärten Realitätsbegriffs ein deutliches Defizit ausgedrückt.

Auch die anderen Befragten beschreiben die Kommunikation innerhalb der Lerngruppe als nicht besonders „intensiv" (M, Z. 190-192). Der eher geringe Austausch im Hinblick auf das Privatleben – „das Persönliche hat halt schon irgendwie gefehlt" (L, Z. 177f.) – habe aber auf das gemeinsame Arbeiten im Unterricht keinen negativen Einfluss: „Also die Qualität hat auf keinen Fall gelitten, muss man sagen. Also im Gegenteil, vielleicht war es teilweise sogar qualitativer, wenn du mit jemandem in der Kleingruppe warst, mit dem du dich nicht persönlich kanntest, weil du halt wirklich so richtig fokussiert auf die Aufgaben zugehen konntest." (M, Z. 221-225) Das gemeinsame Arbeiten, die Kooperation innerhalb der Unterrichtsstunden, sei im digitalen Raum also keineswegs beeinträchtigt gewesen, sondern habe sogar konzentrierter stattgefunden.

Zur Förderung dieser Kommunikation trug die Arbeit in Kleingruppen in sogenannten Breakout-Räumen bei (vgl. Ly, Z. 218 und L, Z. 174), in denen sich die Schülerinnen und Schüler weniger gehemmt als in der großen Videokonferenz unterhielten. Für Austausch rund um Organisatorisches erwies sich zudem eine WhatsApp-Gruppe als äußerst hilfreich (vgl. Ly, Z. 210).

6.   Eigenständige Erarbeitung der Inhalte mithilfe digitaler Medien

In didaktischer Hinsicht besonders spannend ist die Einschätzung der Schülerinnen, wenn es um die Auseinandersetzung mit Unterrichtsinhalten im digitalen Raum geht. Vor allem in der Erstellung von (digitalen) Lernprodukten in den Selbstlernphasen sehen sie ein besonderes Potential: „Also ich fand persönlich, dass man viel intensiver die Themen behandeln konnte durch diese Lernprodukte. Weil du dir sehr viel Zeit genommen hast, du hast dich richtig hineindenken können in die Situation, in das Historische, alles, was halt eben in solchen Produkten zustande kam. Und das war wirklich schön, weil man sich vieles besser merken konnte." (M, Z. 262-266) Das mühevolle eigenständige Einarbeiten in den Unterrichtsgegenstand und die Organisation der Erkenntnisse in Form eines Lernprodukts führten augenscheinlich auch zu einem nachhaltigeren Wissenszuwachs. Das projektorientierte Lernen mit und durch digitale(n) Medien, das auf Eigenständigkeit und Kreativität der Schülerinnen und Schüler setzt, wird von diesen im Hinblick auf den Lerneffekt sehr positiv bewertet.

„Und durch die Medien [...] man musste nicht nur auswendig lernen, sondern man musste es auch [...] wirklich verstehen, du musstest das die ganze Zeit schon anwenden, du musstest gezielt suchen: ‚Was bringe ich jetzt in meinem Flyer zum Beispiel ein, was ist wichtig, welche Dinge kann ich jetzt rauslassen?'" (L, Z. 275-280) Planung und Organisation des eigenen Lernprozesses obliegen so den Lernenden selbst, welche die Spezifika der Medien bedenken und produktiv nutzen müssen. Wissen wird von ihnen erworben, neu geordnet und angewendet. Das stellt durchaus einen hohen Anspruch an die Lernenden in den Selbstlernphasen, der von den Befragten aber als positive und lernförderliche Herausforderung wahrgenommen wird.

Die Palette an digitalen Tools und die häufig eröffnete Wahlmöglichkeit in Bezug auf die Lernprodukte trügen zur Steigerung von Kreativität bei: „Also man hatte so ein breites Spektrum an Arbeitsmöglichkeiten, wie wir jetzt schon alles genannt haben. Und man konnte sich richtig ausprobieren, weil du eben auch die Zeit dazu hattest." (M, Z. 245-247) Eine weitere Schülerin bekräftigt: „Ich finde auf jeden Fall auch, dass man seine Kreativität noch ein bisschen mehr mit einbringen konnte. Man konnte sich einfach ein bisschen ausprobieren und künstlerisch austoben." (Li, Z. 252-254) Diese Möglichkeit zur kreativen Gestaltung habe auch einen positiven Einfluss auf die eigene Motivation: „Das hat auf jeden Fall auch noch einen gewissen Spaßfaktor mit sich gebracht, würde ich sagen." (Li, Z. 254f.)

7. Lernen für die Zukunft

Die Befragten verdeutlichen, dass die Arbeit mit digitalen Tools für zukünftiges Lernen und Arbeiten relevant gewesen sei und sich sowohl in anderen Fächern als auch im Berufsleben als hilfreich erwiesen habe: „Wir haben viele digitale Skills erlernt [...] und das hat mir auch jetzt später in meinem Berufsleben einfach viel mehr genützt, weil zum Beispiel heute machen wir auch viel Online-Beratung bei uns und das ist einfach sehr vorteilhaft, wenn man das auch schon mal so erlebt und trainiert hat." (Li, Z. 46-52) Und auch für das Studium fühlt sich eine Befragte durch das Lernen mit, durch und über digitale Medien gut gerüstet: „Und da denke ich mal, dass ich gut vorbereitet darauf bin, wenn ich halt jetzt schon die Erfahrung gesammelt habe." (C, Z. 264-266)

Angesichts dieses positiven Ausblicks wünscht sich eine Befragte deshalb für *KathReliOnline* auch, „dass das Ganze vielleicht immer weiterentwickelt und vielleicht auch weiter erforscht wird." (Li, Z. 346f.) Zu einer Verlegung des gesamten Unterrichts in den digitalen Raum raten die Schülerinnen aber nicht, denn dafür wögen die angesprochenen Mängel doch schwer: „Allerdings muss ich dazu sagen, dass es komplett mit dem Unterricht, den man in der Schule hat, nicht auszutauschen ist, weil man diese realen Kontakte ja doch braucht." (M, Z. 353-355) Die (analog erlebte) Gemeinschaft in der Schule bleibe unersetzlich. Nur konsequent wird deshalb im Hinblick auf die Gestaltung von *KathReliOnline* auch der Wunsch geäußert, den vor der Pandemie geplanten regelmäßigen Wechsel von analogen und digitalen Phasen wieder einzuführen: Dass die Lehrkraft die Schülerinnen und Schüler an den jeweiligen Schulen besucht, „[d]as könnte man vielleicht noch ein bisschen mehr machen [...]" (L, Z. 372f.).

Für Unterricht der Zukunft wünschen sich die Befragten ausgehend von ihren Erfahrungen mit *KathReliOnline* grundsätzlich: „Sinnvoll wäre vor allem der Umgang und Einbezug von moderner Technik und den verschiedenen Methoden, die die Technik bietet." (C, Z. 451f.) Auch der Integration von Selbstlernphasen und Videokonferenzen in Kombination mit analogem Unterricht im Klassenraum stehen sie offen gegenüber: „Das wäre eine Idee zum Ausprobieren, weil man dann eben gucken könnte: Okay, was funktioniert denn über das Internet besser?" (M, Z. 384f.)

Literatur

Dietzsch, Andrea/Pfister, Stefanie (2022): Digitaler Religionsunterricht. Fachdidaktische Perspektiven und Impulse. Göttingen

Mayring, Philipp (2022): Qualitative Inhaltsanalyse. Grundlagen und Techniken. Weinheim.

Medienpädagogische Perspektiven von *KathReliOnline*

Julia Günther

1.   *KathReliOnline* – endlich was mit Medien machen …

„In *KathReliOnline* machen wir endlich mal so richtig was mit dem Tablet. Erklärfilme produzieren, das kommt in anderen Fächern eher selten vor." Dieser Satz stammt von einer Schülerin am Ende ihres ersten Schuljahres in *KathReliOnline*.

KathReliOnline will einerseits den katholischen Religionsunterricht dort ermöglichen, wo die Bedingungen keine andere Form des Unterrichts zu lassen. Andererseits unterstützt *KathReliOnline* die Medienkompetenzentwicklung der Lernenden ganz praktisch. Die Entwicklung von Medienkompetenz ist für eine mündige Teilhabe an einer Kultur der Digitalität essenziell.

Die von der Kultusministerkonferenz in ihrer bereits 2016 erschienenen Strategie zur „Bildung in der digitalen Welt" zusammengefassten „Kompetenzen in der digitalen Welt" können durch *KathReliOnline* gut entwickelt werden. Der Einsatz digitaler Medien darf nie nur zum Selbstzweck erfolgen, sondern er sollte den Lernprozess sinnvoll fördern. Der Lernprozess in *KathReliOnline* funktioniert nur durch den sicheren und zielorientierten Einsatz von digitalen Medien, so dass die Entwicklung der Medienkompetenz in *KathReliOnline* sehr gut integrativ möglich ist.

Wie genau in *KathReliOnline* die verschiedenen Kompetenzen aus dem Papier der KMK entwickelt werden, wird nachfolgend beschrieben. Die „TIPPs aus der Praxis" geben konkrete Beispiele zur Nachnutzung weiter.

1.1   *Suchen, Verarbeiten und Aufbewahren*

In den Onlinephasen arbeiten die Schülerinnen und Schüler selbstorganisiert. Mit zunehmender Jahrgangsstufe sind viele Aufgabenstellungen so organsiert, dass relevante Quellen selbst identifiziert und in den entsprechenden Formaten zusammengeführt werden müssen. Die „Handreichung zum Onlinelernen" stellt einige wichtige Internetseiten bereit, ausgehend von diesen kann eine vertiefte Suche erfolgen.

TIPPs aus der Praxis:
- Geben Sie Ihren Schülerinnen und Schülern für deren Recherche von Anfang an Hinweise, welche theologischen oder anderen Veröffentlichungen
im Internet inhaltlich fundiert sind.

Der eigene Lernprozess muss also von den Schülerinnen und Schülern selbst organisiert werden. Ob die persönlichen Inhalte wie Mitschriften, persönliche Notizen oder Anmerkungen an Textdokumenten auf den Geräten gespeichert und
verwaltet werden oder zusätzlich im „analogen Relihefter" abgelegt werden,
entscheiden die Lernenden selbst. Es hat sich bewährt, unterschiedliche Vorge-
hensweisen bei der Strukturierung des Lernprozesses in der Lerngruppe zu teilen und in den Videokonferenzen Zeit zum Austausch und zur Reflektion einzu-
räumen.

TIPPs aus der Praxis:
- Bei der Arbeit mit mobilen Geräten wie iPads empfehlen wir die App
„GoodNotes" für die individuelle Hefterführung. Sie ermöglicht eigene Mitschriften mit dem Pencil oder das Ablegen und Bearbeiten von PDF-Doku-
menten, was insbesondere die Textarbeit der Lernenden unterstützt, aber
auch die Korrekturarbeit der Lehrenden vereinfacht.

1.2   Kommunizieren und Kooperieren

KathReliOnline lebt davon, dass digitale Medien zur Vernetzung der Lernenden
genutzt werden. In der Thüringer Schulcloud gibt es die Möglichkeit, die Lernenden verschiedener Schulen in einem Team zusammenzubringen. In diesem
Team können Dateien geteilt und Videokonferenzen in den virtuellen Präsenzphasen durchgeführt werden. Digitale Tools wie das Etherpad als kollaboratives
Textdokument oder ein kollaboratives Whiteboard schaffen Raum für einen zeit-
und ortsunabhängigen Austausch, z. B. zum Brainstorming, zur Diskussion, zu
Schreibgesprächen, zur gemeinsamen Arbeit an Texten etc. Grundlage sind miteinander abgestimmte Regeln zur Arbeit mit diesen Werkzeugen.

Des Weiteren lebt *KathReliOnline* davon, dass Arbeitsergebnisse in unterschiedlichen Dateiformaten in der Thüringer Schulcloud abgegeben werden.
Den Inhalt im richtigen Dateiformat zu speichern, die Datei logisch zu benennen
und im System hochzuladen sind grundlegend für den Abschluss der Online-
phasen.

TIPPs aus der Praxis:
- Geben Sie den Schülerinnen und Schülern zur Unterstützung am Schuljah-
resanfang Hinweise, wie sie eine Datei sinnvoll bezeichnen.
Beispiel: Abgabe_Kirche heute_Namenskürzel_Datum

Für die virtuellen Präsenzphasen muss der Umgang mit dem Videokonferenz-system „BigBlueButton" beherrscht werden, um Präsentationen zu teilen, in Breakout-Räumen zu kommunizieren oder Ergebnisse aus den Videokonferenzen auf dem eigenen Gerät zu speichern und nach den Videokonferenzen weiter zu nutzen.

TIPPs aus der Praxis:
- Bieten Sie am Anfang des Schuljahres eine kurze, freiwillige Veranstaltung zur Nutzung des Videokonferenztools an, um den Lernenden die Funktionen zu erläutern.
- Je nach Altersgruppe empfiehlt es sich, dass Präsentationen bereits vor der Videokonferenz an die Lehrkraft gesendet werden, so dass sie bereits vor der Veranstaltung hochgeladen werden können und technische Verzöge-rungen während der Veranstaltung ausgeschlossen werden.

1.3 Produzieren und Präsentieren

Die Mehrheit der Aufgaben aus den Onlinephasen in *KathReliOnline* sind darauf ausgerichtet, dass eigene Lernprodukte entstehen, die anschließend in der vir-tuellen Präsenzphase präsentiert und reflektiert werden. Mobile Geräte unter-stützen das Erstellen von Videos, Audiobeiträgen und Podcasts, interaktiven Bü-chern, Präsentationen etc.

In diesem Zusammenhang wird immer wieder auf die Bedeutung des Urhe-berrechts hingewiesen.

TIPPs aus der Praxis:
- Führen Sie am Anfang des Schuljahres kurze zentrale Veranstaltungen zur Erstellung von Lernprodukten durch. Erarbeiten Sie mit den Schülerinnen und Schülern die Angabe von Quellen. Achten Sie darauf, dass alles, was Sie von den Schülerinnen und Schülern verlangen, vorher erläutert und einge-übt werden muss.
- Zudem hat sich die Einrichtung eines „Methodenraumes" im Kurs oder eines „Methodenordners" im Team bewährt, wo alle wichtigen Aspekte zur Erstel-lung von Produkten noch einmal übersichtlich dargestellt werden.

In der „Handreichung zum Onlinelernen" werden die wichtigsten Funktionen des mobilen Gerätes übersichtlich dargestellt.

Abbildung 1: QR-Code zum Download der Handreichung

1.4   Schützen und sicher agieren

Die Arbeit mit der Thüringer Schulcloud, der Umgang mit den persönlichen Daten und die Sensibilität im Umgang mit digitalen Medien sind zentrale Themen in *KathReliOnline*. Durch die Gestaltung der Lerninhalte, die Hinweise zur Nutzung der digitalen Tools enthalten, werden die Schülerinnen und Schüler für Themen wie Datensicherung und Datenhoheit sensibilisiert.

Grundsätzlich verwendet *KathReliOnline* nur datenschutzkonforme Werkzeuge und es wird darauf geachtet, dass Schülerinnen und Schüler datensparsam digitale Werkzeuge nutzen.

Aufgabenstellungen, die die Darstellung von Inhalten in sozialen Netzwerken integrieren, können genutzt werden, um den sicheren Umgang mit diesen Plattformen zu thematisieren.

TIPPs aus der Praxis:
—   Verwenden Sie keine Klarnamen, sowohl in der Dateibezeichnung als auch im Einsatz von digitalen Tools. Stimmen Sie die Verwendung von Namenskürzeln oder Synonymen mit der Lerngruppe ab.

1.5   Problemlösen und Handeln

Durch den zielgerichteten Einsatz verschiedener digitaler Tools im Verlauf von *KathReliOnline* lernen die Schülerinnen und Schüler verschiedene Möglichkeiten kennen, um schließlich auch ohne gezielte Anregung durch die Lehrkraft Vernetzung und Zusammenarbeit zu initiieren, z. B. um gemeinsamen Präsentationen vorzubereiten und zu gestalten oder sich selbstorganisiert zu Fragen und Problemen auszutauschen.

Neben dem Lösen von fachlichen Problemen fordert *KathReliOnline* auch manchmal dazu heraus, technische Probleme zu identifizieren und eigene Lösungsstrategien zu entwickeln, so z. B. beim Umgang mit dem Videokonferenzsystem oder bei Schwierigkeiten mit den Zugangsdaten zur Lernplattform.

TIPPs aus der Praxis:

— Üben Sie für mehr Sicherheit im Umgang mit digitalen Tools gemeinsam mit der Lerngruppe die Nutzung dieser digitalen Tools. Erstellen Sie Anleitungen oder ermöglichen Sie einen Austausch in den Videokonferenzen über die Möglichkeiten zur Nutzung der Tools.

— Geben Sie den Schülerinnen und Schülern weitere Kontaktmöglichkeiten, damit sie mögliche Probleme, z. B. beim Eintritt in die Videokonferenz, miteinander lösen können.

— Besprechen Sie mit den Schülerinnen und Schülern einen „Workaround für Selbstlernphasen", d.h. wann und wo werden neue Aufgaben angelegt. Halten Sie sich an Routinen, die Ihren Schülerinnen und Schülern Sicherheit geben. Öffnen Sie einen weiteren, sicheren Kommunikationskanal, z. B. E-Mail, unabhängig vom Lernmanagementsystems.

— Leiten Sie die Kontaktdaten des Supports für das Lernmanagementsystem an die Lerngruppe weiter, so dass Fragen und Probleme auch dort formuliert werden können.

1.6   Analysieren und Reflektieren

Der Religionsunterricht bietet an verschiedenen Stellen Möglichkeiten, den Einsatz digitaler Medien zu analysieren und zu reflektieren. Chancen und Risiken digitaler Medien können in den Aufgabenstellungen gezielt untersucht und kritisch betrachtet werden.

TIPPs aus der Praxis:

— Nehmen Sie sich die Zeit, die von den Lernenden gewählten Tools (vgl. Beispiel „Jesus Christus auf Instagram", siehe Aufgabenbeispiele) in Bezug auf Datenschutz und die Potenziale der Nutzung bei der Lösung der Aufgabe zu analysieren.

2.   Die Thüringer Schulcloud (TSC) – Räume für zeit- und ortsunabhängiges Lernen in KathReliOnline gestalten

Die thüringenweite Vernetzung einzelner Schülerinnen und Schüler in KathReliOnline benötigt Räume, die einen zeit- und ortsunabhängigen Zugriff auf Lerninhalte ermöglichen und die Kollaboration und Kommunikation unterstützen. Die Thüringer Schulcloud (TSC) bietet als cloudbasiertes Lernmanagementsystem diese digitale Umgebung zur Gestaltung individueller Lernräume.

Da die TSC als vom Datenschutz und der Thüringer Digitalstrategie empfohlene Lernplattform von der Mehrheit der Thüringer Schulen genutzt wird, ist eine Vernetzung der Schülerinnen und Schüler verschiedener Schulen für *KathReliOnline* in der Thüringer Schulcloud möglich.

Als cloudbasiertes Lernmanagementsystem können in der TSC zum einen Dateien abgelegt und geteilt und zum anderen Lerninhalte zur individuellen oder kollaborativen Bearbeitung strukturiert dargestellt werden.

Für *KathReliOnline* werden mit der Kursfunktion in der TSC Räume von den Lehrkräften gestaltet, um Inhalte für die individuelle Bearbeitung in den Selbstlernphasen zugänglich zu machen. Bei der Gestaltung der Räume hat sich eine klare Struktur mit Wiedererkennungswert bewährt. Das gibt den Lernenden Sicherheit bei der individuellen Bearbeitung der Inhalte. Die Möglichkeit der terminierbaren Abgaben unterstützt die Strukturierung des selbstgesteuerten Arbeitsprozesses.

Die Möglichkeit, verschiedene Dateiformate einzubinden, unterstützt die Beziehungsgestaltung von Lehrenden und Lernenden auf Distanz. So können persönliche Audiospuren zum Einstieg in ein Thema einführen oder ein von der Lehrkraft erstellter Erklärfilm bei der Bearbeitung der Inhalte unterstützen. Die Begegnung mit der Lehrkraft in Bild und Ton schafft auch in der Distanz Nähe.

Darüber hinaus sind regelmäßige Rückmeldungen und Feedbackvarianten für das Lernen auf Distanz unerlässlich. Die Thüringer Schulcloud bietet eine Möglichkeit, Rückmeldungen zu den eingereichten Aufgaben zu geben. Für Schülerinnen und Schüler ist dabei nicht nur eine wertschätzende, konstruktive inhaltliche Rückmeldung entscheidend, sondern eine Rückmeldung gibt den Lernenden die Sicherheit, dass die Ergebnisse angekommen sind und der Lernprozess als solcher läuft.

Neben den Rückmeldungen durch die Lehrkraft können in der virtuellen Lernumgebung auch Feedbackräume für ein Peerfeedback geschaffen werden. Lernprodukte werden z. B. in Form eines „virtuellen Galeriegangs" dargestellt und eingebundene kollaborative Tools ermöglichen den Lernenden eine Rückmeldung zu jedem Lernprodukt.

Die Raumgestaltung in der TSC schafft zudem verschiedene Möglichkeiten der Differenzierung. Materialien können in verschiedenen Formaten (Text, Film, Audio, Bild) zur Wahl gestellt werden und zusätzliche Informationen können z. B. durch Verlinkungen angeboten werden, um den Lernprozess vertiefen zu können. Da Lernende auch Produkte in verschiedenen Formaten ablegen können, kann auch in diesem Zusammenhang differenziert werden, so dass der Lernende selbst entscheidet, wie er sein Lernprodukt gestaltet.

Diese Wahl- und Differenzierungsmöglichkeiten setzen Kenntnisse zum Umgang mit digitalen Medien und Methodenkompetenz voraus. Unterstützung kann ein „Methodenraum" bieten, in dem Schülerinnen und Schüler Erklärungen zu den Methoden und zu Möglichkeit des kreativen Umgangs bei der Erstellung von Lernprodukten mit digitalen Medien finden.

Vernetztes Arbeiten der Lehrkräfte verschiedener Schulen ist über die TEAM-Funktion der Schulcloud möglich. Lehrkräfte können erstellte Inhalte tauschen und teilen oder gemeinsam bearbeiten.

Zudem ist ein ortsunabhängiger Austausch zwischen den Lehrkräften oder zwischen Lehrkräften und der Lerngruppe in Kursen und in Teams über das Videokonferenzsystem „BigBlueButton" möglich. Die Videokonferenzen zum direkten gemeinsamen Austausch sollten regelmäßig durchgeführt werden.

Anfänglich war eine Vernetzung zu virtuellen Präsenzphasen in *KathReliOnline* ausschließlich über ein gemeinsames Team, in dem die Schülerinnen und Schüler aus den verschiedenen Schulen zusammengeführt werden, möglich. Im Team können Dateien geteilt und Videokonferenzen durchgeführt werden.

In den Videokonferenzen werden Inhalte aus den Selbstlernphasen wiederholt, vertieft oder diskutiert. Die Möglichkeit, die Schülerinnen und Schüler in kleineren Gruppen zusammenkommen zu lassen, eröffnet neue Räume für Gruppenarbeiten oder einen kurzen informellen Austausch, der insbesondere zu Beginn eines Schuljahres zum Kennenlernen der thüringenweiten Lerngruppe wichtig ist. Die Inhalte der Videokonferenzen können in einer Präsentation strukturiert oder über die geteilten Notizen in einem Ergebnisprotokoll festgehalten werden.

Zeit für den Austausch oder für Kollaboration der Lernenden in kleineren Gruppen hat sich bewährt, um Kommunikation zu ermöglichen. Obwohl die Zeit in den Videokonferenzen begrenzt ist und die gemeinsame inhaltliche Auseinandersetzung wichtig ist, sollte Feedbackrunden oder dem informellen Austausch immer Vorrang gegeben werden.

3. Die virtuelle Schule in der TSC – Optimierung der thüringenweiten Vernetzung

Mit dem Schuljahr 2023/2024 schafft die „Virtuelle Schule" in der TSC die Möglichkeit, dass Lernende verschiedener Schulen in *KathReliOnline* in einem Lernraum in der TSC zusammenarbeiten können. Die Schülerinnen und Schüler können nun nicht mehr auf einzelne Kurse an ihrer Schule zugreifen und die Aufgaben aus *KathReliOnline* dort bearbeiten, sondern treffen sich in einem virtuellen Raum gemeinsam. Das ermöglicht die Nutzung weiterer Funktionen und erweitert die Möglichkeiten der Zusammenarbeit der Lernenden. Die Gruppenfunktion in Kursen in der TSC ermöglicht die gemeinsame Erstellung von Inhalten durch die Schülerinnen und Schüler, wobei Methoden wie das Gruppenpuzzle oder auch das gemeinsame Schreiben und Gestalten von Inhalten über ein Etherpad hinaus möglich werden.

Die Gruppenbildung kann auch durch die Lernenden selbst erfolgen, sodass eine Vernetzung im Lernprozess unabhängig vom physischen Aufenthaltsort individuell möglich ist.

Darüber hinaus sind auch alle Lehrkräfte im Projekt der virtuellen Schule zugeordnet und können gemeinsam Inhalte erstellen, Inhalte teilen oder sich zu bereits erstellten Inhalten Feedback geben.

Somit schafft die „Virtuelle Schule" in der TSC einen Raum der Vernetzung, der die Beziehungsgestaltung der Lernenden und Lehrenden auf Distanz unterstützt, weil Räume für neue Methoden und Möglichkeiten des Austausches entstehen.

Literatur

Kultusministerkonferenz (2021): Lehren und Lernen in der digitalen Welt. Die ergänzende Empfehlung zur Strategie „Bildung in der digitalen Welt". Online verfügbar unter: https://www.kmk.org/fileadmin/veroeffentlichungen_beschluesse/2021/2021_12_09-Lehren-und-Lernen-Digi.pdf. (Zuletzt geprüft am 21.12.2023).

Perspektiven aus der Praxis und für die Praxis

Julia Günther & Brigitta Krause

Perspektive der Lehrenden

> *Bewährtes Fortführen und Neues wagen,*
> *das könnte als Motto über diesem Projekt stehen.*

1.   Beziehungsgestaltung, Erreichbarkeit und Kontaktmöglichkeiten

Religion in einer Kultur der Digitalität zu unterrichten, schafft neue Möglichkeiten, ohne Bewährtes zu vergessen, fordert dazu heraus, unbekannte Wege zu gehen und eröffnet neue Perspektiven für religiöses Lernen.

Unterricht bleibt nicht begrenzt auf einen Raum in einem Gebäude, mit einer Lerngruppe und einer Lehrkraft. Digitale Medien können räumliche Grenzen zu Gunsten eines raumübergreifenden, zeit- und/oder ortsunabhängigen Unterrichts überwinden. So entstehen virtuelle Lernräume, die neue Gestaltungsmöglichkeiten eröffnen. Für die Lehrkraft heißt das, Kompetenzen zu entwickeln, um diese virtuellen Räume so gestalten zu können, dass religiöses Lernen möglich wird. Doch nicht nur die Gestaltung des Lernraumes wirkt auf den Lernprozess. Die Lehrkraft muss für einen raumübergreifenden, lernförderlichen Unterricht vielfältige Möglichkeiten der Erreichbarkeit sowie der Kooperation- und Kommunikation bedenken und gestalten. Die Lernbereitschaft und der Lernerfolg der Schülerinnen und Schüler werden darüber hinaus besonders von der Lehrer-Schüler-Beziehung beeinflusst. Den Schülerinnen und Schülern muss durch eine verlässliche, persönlich gestaltete Struktur eine sichere Lernumgebung geschaffen werden, die ermutigt, motiviert, Rituale und Bräuche integriert, einerseits Transparenz schafft, aber auch den bilateralen Austausch ermöglicht und einen persönlichen Lernraum eröffnet (vgl. Bethge/Jantowski: 16 Tipps zur professionellen Beziehungsgestaltung im Kontext von Distanz und Digitalisierung, 2020).

Nun konkret zu den Herausforderungen, die wir in der Projektzeit des Unterrichtsprojekts *KathReliOnline* in Thüringen erlebten.

Wenn man eine neue Klasse oder Lerngruppe übernimmt, ist es egal, ob diese Gruppe mit mir im Klassenraum sitzt oder online zugeschaltet ist, es bedarf einer Kennenlernphase, die über die erste Stunde oder erste Videokonferenz hinausgeht. Mit der persönlichen Vorstellung aller Teilnehmenden in der Gruppe – das kann mit einem kleinen Porträt oder Steckbrief erfolgen – ist der erste Schritt getan. Meist werden auch die Erwartungen an das Fach und das hybride Format formuliert, die sehr ernst genommen werden sollten. Es erfolgen Absprachen zu Terminen, Häufigkeit und Arten von Videokonferenzen und Unterrichtsbesuchen vor Ort, die langfristig geplant werden. Flexibilität ist gefragt, denn die Lerngruppe kann aus Teilnehmenden verschiedener Wohn- und Schulorte bestehen. Zudem bringt das Kurssystem in der Oberstufe mit sich, dass die Stundenpläne der Lernenden sehr unterschiedlich sind. Man kann also nicht davon ausgehen, dass der hybride oder virtuelle Unterricht immer am Vormittag oder sogar zeitgleich mit den Parallelfächern Ethik und Evangelischer Religionslehre stattfinden kann.

In diesem Zusammenhang ist auch die Kommunikation mit den Schulleitungen der beteiligten Schulen von Anfang an bedeutsam, um die Planung von *KathReliOnline* so gut wie möglich mit der jeweiligen schulinternen Terminplanungen abzustimmen (Zwischenbericht - Brief an die Schulleitungen und Beziehungsgestaltung – Brief an die Schulleitung).

Zu klären ist u. a., wie einzelne Lernende im Krankheitsfall erreichbar sind oder informiert werden können.

Es hat sich zudem bewährt, Einzelgespräche zu organisieren, die dazu bestimmt sind, sich besser kennenzulernen, individuelle Absprachen zu treffen oder Leistungseinschätzungen zu besprechen.

Der Kontakt zwischen Lehrenden und Lernenden geschieht im Großen und Ganzen über Emails, über fest geplante virtuelle Präsenzphasen in Videokonferenzen sowie regelmäßige Kontaktzeiten, in denen die Lehrkraft zum informellen Austausch zur Verfügung steht.

Planung und Struktur sowie ritualisierte Prozesse unterstützen die Sicherheit im Lernprozess auch dann, wenn die Lehrkraft nicht tagtäglich direkt Face-to-Face ansprechbar ist.

Darüber hinaus sollte von Beginn an auch der Austausch der Lernenden untereinander angeregt werden. Häufig finden sie selbst einen Weg, sich unabhängig von der Lehrkraft z. B. über soziale Medien zu vernetzen. Hilfreich sind aber auch kurze, in den virtuellen Präsenzphasen initiierte Momente des Austauschs in Breakout-Räumen über das Videokonferenz-System.

Pläne, die das Halbjahr strukturieren und die virtuellen Präsenzphasen deutlich markieren, erleichtern den Lernenden die Organisation und Planung der Videokonferenzen im persönlichen Schulalltag. Die Zeiten der Präsenzphasen müssen unbedingt mit ihnen abgestimmt werden, sodass alle Teilnehmenden eine Chance auf Beteiligung haben.

Eine weitere Möglichkeit für einen Austausch sowohl fachlich als auch informell bieten kleine fakultative Angebote oder nach Rücksprache mit den Schulen auch Exkursionen zu externen Lernorten. Das gemeinsame „Lernen am anderen Ort", wie in einem Kirchenraum, in der Synagoge, in einem Kloster oder bei einer Hilfsorganisation schafft zum einen Raum für eine direkte Begegnung mit dem Lerngegenstand, zum anderen aber auch Zeit für individuelle Gespräche zur Gruppenstärkung.

In Thüringen haben wir gute Erfahrung mit einem fakultativen Projekttag in Erfurt am Samstag des 1. Adventswochenendes gemacht, zu dem alle Lerngruppen und auch die Familien eingeladen waren. Der Vormittag war für die Schülerinnen und Schüler organisiert. Neben dem persönlichen Kennlernen und einem Gespräch mit dem Bischof lernte die Gruppe die Arbeit des Kindermissionswerks „Die Sternsinger" kennen und bekam Anregungen, wie sie sich selbst für andere engagieren können. Am Nachmittag waren die Lernenden und ihre Familien zu einer Domführung eingeladen, sodass auch der Austausch der Lehrkräfte mit den Familien möglich war.

2.   Kompetenzen Lehrender

Die Gestaltung von *KathReliOnline* im Blended Learning-Format erfordert von den Lehrkräften nicht nur fachdidaktische Kompetenzen.

Das DPACK-Modell verdeutlicht, dass sowohl die Inhaltskompetenz, die pädagogische Kompetenz als auch die Digitalitätskompetenz mit den jeweiligen Schnittmengen entscheidend sind.

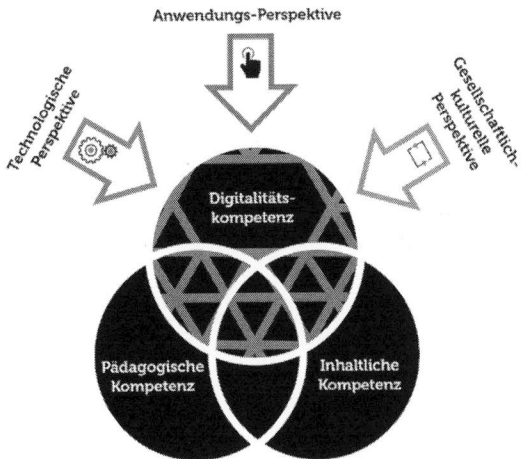

Abbildung: Das DPACK-Modell - DPACK (phsz.ch)

Die digitale pädagogische Inhaltskompetenz ermöglicht es Lehrkräften, lernför-
derlich aufbereitete Fachinhalte motivierend in zeitgemäßen Lehr- und Lernsettings darzustellen. Für die Gestaltung virtueller Lernräume und die Umsetzung
lernförderlicher Inhalte müssen Lehrkräfte einerseits sicher mit dem Lernmanagementsystem (Thüringer Schulcloud), den Werkzeugen zur Kollaboration
und Kommunikation, besonders dem Videokonferenz-Tool, umgehen können,
andererseits sollten auch die Möglichkeiten der Endgeräte beherrscht werden,
z.B. um Inhalte (Erklärfilme, Präsentationen, Arbeitsblätter oder Podcasts) selbst
erstellen zu können, die Möglichkeiten von Lernprodukten zu kennen, aber auch
um den Schülerinnen und Schüler Unterstützung geben zu können. Hilfreich ist
an dieser Stelle jedoch immer ein Perspektivwechsel, denn auch Schülerinnen
und Schüler können die Digitalitätskompetenz der Lehrkraft entwickeln, wenn
die Lehrkraft bereit ist, auch von und mit den Schülerinnen und Schülern zu lernen. *KathReliOnline* erfordert ein Umdenken in Bezug auf das Rollenverständnis.
Die Zusammenarbeit über kollaborative Systeme, die eine gleichberechtigte Be-
arbeitungsoberfläche schaffen, erfordert die Auflösung von vollkommen hierar-
chischen Denk- und Kommunikationsstrukturen. Besonders auf Distanz müssen
Schülerinnen und Schüler immer wieder in die Gestaltung des eigenen Lernprozesses einbezogen werden, um eine Lehrerzentrierung zu vermeiden oder einzelne Lernende im virtuellen Raum zu „verlieren". Es geht um die Unterstützung
eines individuellen, selbstorganisierten Lernprozesses, der Kreativität und kritisches Denken anregt und Kommunikation und Zusammenarbeit zeit- und orts-
unabhängig fördert.

Letztendlich lebt *KathReliOnline* vom Mut der Lehrkraft, Neues zu wagen und
Wege zu gehen, die vielleicht Unvorhergesehenes bringen. Vertrauen und Offenheit helfen dabei ebenso wie Flexibilität und Kreativität.

Grundsätzlich ist es bei *KathReliOnline* wie beim Unterricht im Klassenraum:
Wichtig ist die Authentizität der Lehrenden. Trotz gemeinsamer Vorbereitun-
gen und Vernetzung der Lehrkräfte bleibt eine individuelle Prägung des Unterrichts.

Material: Aufgabenbeispiele 4Ks im Religionsunterricht:

https://t1p.de/4Ks

3.   Arten der Leistungseinschätzung in KathReliOnline

Lernformate auf Distanz bedürfen einer regelmäßigen Rückmeldung zum Lernfortschritt, zu den Lernergebnissen sowie einer wertschätzenden Korrektur und Ermutigung der Lernenden. Es hat sich bewährt, dass Arbeitsaufträge eindeutige und strukturierte Aufgabenstellung mit klaren Zeitvorgaben haben. Die Schülerinnen und Schüler wissen auf diese Weise, wie sie ihre Bearbeitung strukturieren sollen. Mit zunehmender Erfahrung im Projekt kann die Möglichkeit zur Bearbeitung von den Lernenden selbst bestimmt werden. Wichtig sind ein eindeutiger Abgabetermin und Abgabeort. Werden die Aufgaben in ein Lernmanagementsystem gestellt, sind die Abgaben dort für die Lehrkraft verfügbar und strukturiert abrufbar. Ein cloudbasiertes Lernmanagementsystem ermöglicht zudem die Abgabe von digitalen Lernprodukten, die die Größe von E-Mail-Anhängen oft überschreiten würden.

Um den Arbeitsaufwand der Rückmeldungen für die Lehrenden zu erleichtern, sind u. a. folgende Varianten für Rückmeldungen möglich:
- schriftliche individuelle Rückmeldung über die Schulcloud oder per Mail
- Erstellen einer Rückmeldung auf der Grundlage von Textbausteinen
- Bewertung anhand von Punkten oder Bewertungseinheiten
- mündliche Auswertung innerhalb der Videokonferenz in der Gruppe oder im Einzelgespräch
- Audionachricht
- Bereitstellen des Erwartungshorizonts der Aufgabe zur Selbstkontrolle (evtl. mit Hinweisen auf die Defizite)
- Vergleich der Arbeitsergebnisse anhand des Hinweisblatts zur Einschätzung von Vorträgen usw. (s. Anlage Leistungseinschätzung)

Vorbereitete Raster zur Rückmeldung, insbesondere zur Epochalnote, unterstützen eine effiziente, transparente Leistungseinschätzung. Zudem haben sich Aufzeichnungen der Lehrpersonen zur Beteiligung in Videokonferenzen bewährt, die zur Bildung und Begründung der Epochalnote herangezogen werden können.

Persönliche Rückmeldungen und kurze Feedbackgespräche am Ende eines Halb- oder Schuljahres können über individuelle Videokonferenztermine gegeben werden. Zu virtuellen Präsenzphasen bieten sich Breakout-Räume für individuelle Auswertungen an.

Neben den Rückmeldungen durch die Lehrkraft kann über die Lernplattform auch ein Peer-Feedback ermöglicht werden. Die Lernprodukte und Ergebnisse können den anderen Schülerinnen und Schülern in einem Kurs vorgestellt werden und eine Rückmeldung kann z. B. über ein Dokument gegeben werden, auf das alle Schülerinnen und Schüler Zugriff haben.

Material: Leistungsbeurteilung *KathReliOnline*:

https://t1p.de/BewertungKathReli

4.   Zeitplanung und Stoffverteilung

Grundlage für den Unterricht ist eine klare, langfristige und vorausschauende Stoffplanung, die sich am gültigen Lehrplan orientiert. Dazu wird eine Jahresübersicht (s. Anlage) angefertigt. Die Planung schließt alle Lernkompetenzen ein.

Die Zeitplanung für Videokonferenzen entspricht nicht der für den Präsenzunterricht, es müssen von den Lehrenden z. B. Zeitpuffer für auftretende technische Probleme eingeplant werden. Der Umfang der Aufgaben, die die Lernenden für eine Woche oder einen längeren Zeitraum erhalten, muss den Vorgaben der Stundentafel entsprechen.

Der Arbeitsaufwand ist für die Lehrkraft zunächst sehr hoch, weil vorhandene Materialien oder Ideen digitalisiert werden müssen und dabei nicht nur auf inhaltliche Dinge, sondern auch auf das Methodische, auf das digitale Lernen Wert gelegt werden muss.

Dazu gehört das Konzipieren projektorientierter Aufgaben, das Erstellen digitaler Lernprodukte wie Filme und Podcasts, das Gestalten von PowerPoint-Präsentationen mit mündlich unterlegten Erklärungen und die sichere und strukturierte Arbeit mit dem Endgerät.

Es muss genau überlegt werden, was sinnvoll und machbar ist, welche Inhalte und welche Methoden in die virtuellen Präsenzphasen und welche in die individuellen Lernphasen zu legen sind. Eine weitere Herausforderung beim gemeinsamen Unterricht von Schülerinnen und Schülern verschiedener Schulen besteht darin, dass die Lernenden mit ganz unterschiedlichen Voraussetzungen kommen, da sie zuvor von verschiedenen Lehrkräften unterrichtet wurden, teils einstündig, teils zweistündig. Die inhaltlichen Kenntnisse und die methodischen

Fähigkeiten der Lerngruppen sind also sehr heterogen und entsprechen anfänglich nicht immer dem Anspruch der Lehrperson, die nun diese Gruppe unterrichtet bzw. den Anforderungen der jeweiligen Klassenstufe.

Die Aufgabe der Lehrperson ist es, eine gemeinsame Basis zu finden, ein gemeinsames Niveau zu entwickeln, aber auch zu differenzieren. Dabei hilft es auch, den Austausch und die Zusammenarbeit der Lernenden untereinander zu stärken.

Grundlegende methodische Kenntnisse und Fähigkeiten kann man in einer separaten „Short Session" vermitteln. Diese können für alle Lernenden jahrgangsstufenübergreifend angeboten werden.

Die Unterschiedlichkeit der Lernenden ist jedoch auch eine Chance, ihren Erfahrungshorizont und ihre Glaubensbiografie zu erweitern. Zudem fühlen sich die, die an ihrer Schule als „Einzelkämpfer" Katholische Religionslehre gewählt haben, nun bestärkt und der Austausch unter Gleichgesinnten kann sie bereichern.

Material: Methoden *KathReliOnline*:

 https://t1p.de/MethodenKathReli

Material: Ausgewählte Schülerprodukte *KathReliOnline*:

https://t1p.de/FilmKathReli

Literatur

Bethge, Andrea/Jantowski, Andreas (2020): Sechzehn Tipps zur professionellen Beziehungsge-
    staltung im Kontext von Distanz und Digitalisierung, ThiLLM. Online verfügbar unter:
    https://www.schulportal-thueringen.de/tip/resources/medien/50691?dateiname=Inh_
    ThILLM_Publik_Beziehungsgestaltung.pdf. (Zuletzt geprüft am 21.02.2024).
Döbeli Honegger, Beat (2021): Covid-19 und die digitale Transformation in der Schweizer Leh-
    rerinnen- und Lehrerbildung - In: Beiträge zur Lehrerinnen- und Lehrerbildung 39 H. 3,
    S. 412–422.

B. Kommentare

Das Projekt *KathReliOnline* – im Blick auf RU und Digitalität

Martin Ostermann

„Der Religionsunterricht vor neuen Herausforderungen" heißt eine maßgebende Schrift der Deutschen Bischöfe aus dem Jahre 2005, die 2017 noch einmal in einer überarbeiteten sechsten Auflage veröffentlicht wurde. Hierin wird im Rückbezug auf den Synodenbeschluss und weitere Dokumente inhaltlich ausgeführt, dass es notwendig sei, „die Aufgaben und Ziele des katholischen Religionsunterrichts konkreter als bislang zu beschreiben und damit sein Profil im Fächerkanon der Schule zu stärken. Dabei ist zu bedenken, dass der Religionsunterricht für eine wachsende Zahl von Kindern und Jugendlichen der wichtigste und oft auch einzige Ort der Begegnung mit dem Glauben und der Hoffnung der Kirche ist."[1] In der Beschreibung der gesellschaftlichen Situation wird in der gleichen Schrift festgehalten, dass viele Kinder und Jugendliche kaum noch Erfahrungen „mit gelebtem Glauben"[2] und nur „gelegentlichen Kontakt"[3] zur Gemeinde haben. Auch die Diaspora-Situation wird angesprochen, wenn es heißt: „In Ostdeutschland ist die große Mehrheit oft schon seit mehreren Generationen konfessionslos; Christen bilden die Minderheit. Religiöse Pluralität meint nicht nur das Zusammenleben von Menschen unterschiedlicher Konfessionen und Religionen."[4]

Das Projekt *KathReliOnline* stellt sich den Herausforderungen des Religionsunterrichtes aber nicht nur unter den Bedingungen gesellschaftlicher und damit zusammenhängender Veränderungen der Religionsausübung bzw. veränderten Kontakts mit Formen der Religion, sondern gestaltet auch die Entwicklungen im Bereich der Digitalisierung bzw. der Digitalität für den Religionsunterricht weiter aus. Auch in diesem Bereich des Digitalen liegen neue Herausforderungen für Kirche und Religionspädagogik. „Der Auftrag der Kirche angesichts der Digitalisierung bzw. des digitalen Wandels lautet daher, theologische, ethische, rechtli-

---

1   Sekretariat der Deutschen Bischofskonferenz (Hg.) (2017): Der Religionsunterricht vor neuen Herausforderungen. Bonn. S. 6.
2   Ebd. S. 13.
3   Ebd. S. 14.
4   Ebd. S.15.

che, bildungs- und netzpolitische Anmerkungen zu machen, um in diesem enormen Umwälzungsprozess die Zeichen der Zeit zu sehen und zu deuten."[5] Digitalität kann in diesem Sinne als „kulturveränderndes ‚Zeichen der Zeit' verstanden" werden.[6] Während Digitalisierung eher mit technologisch-ökonomischen Prozessen verbunden ist, bezieht sich Digitalität auf eine die gesamte Gesellschaft durchdringende Veränderungsdynamik.[7] An dieser Stelle verbinden sich die Aussagen aus „Der Religionsunterricht vor neuen Herausforderungen" und dem Auftrag der Kirche angesichts des digitalen Wandels. Die veränderten gesellschaftlichen Rahmenbedingungen und die damit einhergehende Heterogenität innerhalb der Schülerschaft hat Rückwirkungen auf Form, Inhalt und Gestalt des Religionsunterrichtes. „Grundsätzlich bleibt die Religionspädagogik an Religion(en), Religiosität und Spiritualität gebunden, auch unter der neuen Ordnung der Digitalität, die ihrerseits rückwirken kann auf gelebte religiöse und spirituelle Praktiken."[8]

Im Folgenden sollen zum einen die inhaltlichen, also spezifisch schulischen Herausforderungen bzw. deren Umsetzung innerhalb des Projekts *KathReliOnline* als auch die formalen auf Digitalisierung und Digitalität bezogenen Aspekte exemplarisch betrachtet werden. Die Unterscheidung zwischen Form (Digitalität als Transformationsprozess) und Inhalt (schulischer RU) dient dabei mehr der theoretischen Gliederung, inhaltlich sind beide Aspekte vielfältig ineinander verwoben.

1. Inhalt: Der RU vor neuen Herausforderungen im Projekt *KathReliOnline*

Das Projekt *KathReliOnline* hat vor allem auf eine spezifische Diaspora-Situation reagiert. Schon länger sinken die Zahlen der katholischen Schülerinnen und Schüler, die am konfessionellen Religionsunterricht teilnehmen. Ursachen sind lange Fahrwege, späte Unterrichtszeiten und Unterrichtstage mit zum Teil zehn Unterrichtsstunden ohne Unterbrechung. „Die katholische Kirche in Thüringen steht vor der Entscheidung, dieser Entwicklung zuzusehen und irgendwann das Fach katholische Religionslehre in Abstimmung mit den jeweiligen staatlichen

---

[5]   Sekretariat der Deutschen Bischofskonferenz (Hg.) (2016): Medienbildung und Teilhabegerechtigkeit. Impulse der Publizistischen Kommission der Deutschen Bischofskonferenz zu den Herausforderungen der Digitalisierung (Arbeitshilfen 288). Bonn. S. 9.

[6]   Vgl. Pirker, Viera (2020): Religionspädagogik in der digitalen Transformation. In: Tomberg, Markus/Verburg, Winfried (Hg.) RU 4.0. Religiöse Bildung und Digitalisierung. Dokumentation des 15. Arbeitsforums für Religionspädagogik. Fulda, S. 12–32. S. 13.

[7]   Vgl. Pirker: Religionspädagogik in der digitalen Transformation. S. 13.

[8]   Pirker: Religionspädagogik in der digitalen Transformation. S. 16.

Schulämtern aufzugeben oder eine alternative Unterrichtsform zu entwickeln, um den Fachunterricht abzusichern und die Wahlmöglichkeit der Schüler*innen entsprechend ihrer Bekenntniszugehörigkeit weiterhin zu ermöglichen."[9] Zum einen handelt es sich bei dem Projekt also um eine Reaktion auf eine Herausforderung, zum anderen erfolgt das Handeln aber auf Druck der Umstände, ist sozusagen aus der Not geboren. Diese Ausgangslage hat zur Folge, dass manche konzeptionelle und inhaltliche Überlegung nicht schon in längerer Vorbereitung entwickelt und erprobt werden konnte, sondern erst im Prozess konsequent angegangen werden kann: Welche Inhalte werden mit welchem Material und mit welchen Methoden in welchem organisatorischen Setting vermittelt? So ist bei den vorliegenden Evaluationsergebnissen zu bedenken, dass das Projekt immer auch ‚Learning by doing' gewesen ist und manche Voraussetzung für die Durchführung des Projektes erst während dessen Durchführung geschaffen wurde, z. B. ausreichendes digitales Unterrichtsmaterial oder der Einigungsprozess auf einen Rhythmus aus Selbstlernphasen, Phasen der Kollaboration und des gemeinsamen Austauschs.

Es wird in der Evaluation hervorgehoben, dass „die Eigenverantwortlichkeit und Selbstständigkeit der Schülerinnen und Schüler"[10] durch das Projekt gefördert werden, zugleich stellt das Projekt aber auch hohe Anforderungen und verlangt die Bereitschaft mehr als gewohnt selbstständig und eigenverantwortlich zu arbeiten. In der Evaluation wird einerseits angemerkt, dass am bisherigen Religionsunterricht in Präsenz der Austausch, die Möglichkeit, Nachfragen zu stellen, und die Lernatmosphäre geschätzt werden.[11] Auf die Frage, ob die Selbstlernphasen gut zu organisieren und in den Arbeitsanforderungen angemessen waren, antwortet die Mehrheit der Schülerinnen und Schüler positiv[12], jedoch ist die Mehrheit zugleich unzufrieden mit der Häufigkeit der Videokonferenzen.[13] An dieser Stelle müsste exakter geklärt werden, ob gerade die Eigenständigkeit, die im Lernprozess abverlangt wird, in der jetzigen Form noch nicht ausreichend zwischen Begleitung, Selbstlernen und geleinsamem Lernen austariert ist.[14] Hier ließe sich auch der Hinweis auf die mögliche Verbesserung der Vernetzung der Schülerinnen und Schüler untereinander hinweisen.[15] Das pädagogisch sinnvoll gestaltete Verhältnis aus Wissensvermittlung, selbstständigen

---

[9]   Günther, Julia (2020): KathReliOnline – Neues wagen! In: Tomberg, Markus/Verburg, Winfried (Hg.) (2020): RU 4.0. Religiöse Bildung und Digitalisierung. Dokumentation des 15. Arbeitsforums für Religionspädagogik. Fulda, S. 100–112. S. 102/103.

[10] Geisler, Alissa/Sajak, Clauß Peter (2024): Das Projekt KathReliOnline. Eine religionspädagogische Evaluation. Münster. In diesem Band, S. 29–63. S. 30.

[11] Vgl. Geisler, Alissa/Sajak, Clauß Peter (2024): Evaluation. S. 44.

[12] Vgl. ebd. S. 46.

[13] Vgl. ebd. S. 47.

[14] Vgl. ebd. S. 52.

[15] Vgl. ebd. S. 39.

und kollaborativen Arbeitsphasen ist sowohl für den in analoger Präsenz als auch den digital gestalteten Unterricht immer wieder neu zu bedenken.

Neben den Herausforderungen durch veränderte Arbeitsformen und die klare, zeitlich voneinander zu unterscheidende Aufteilung in (digitale) Präsenz, Eigenarbeit und kollaboratives Arbeiten ist auch die Herausforderung auf inhaltlicher Seite zu nennen. Die Lehrkräfte weisen nicht nur auf ein erhöhtes Arbeitspensum in der Unterrichtsvorbereitung hin, sondern geben auch an, zwar auf Grundlage der Thüringer Curricula unterrichtet zu haben, diese jedoch „ausdünnen" zu müssen.[16] „Die Fokussierung einiger ausgewählter Themen begünstige so eine intensive Auseinandersetzung. Bei der Themenauswahl und der Unterrichtsgestaltung mitsamt Methodenauswahl sei der Lebensweltbezug der Schülerinnen und Schüler ein ausschlaggebendes Kriterium."[17]

An dieser Stelle scheint die Querverbindung zur Bedeutung der digitalen Transformation nahezuliegen, aber auch der Hinweis auf die im Vergleich zum herkömmlichen Religionsunterricht andere Organisationsweise. Da die digitale Transformation bzw. die durch Digitalität veränderte Lebenswelt durch die Art und Weise der Lehr-Lernformen automatisch selbst zum Thema des Unterrichts wird, muss die Themenauswahl konzentrierter verlaufen, d.h. Themen sind zugleich auch immer auf das Metathema Digitalität hin zu betrachten. Die zur Verfügung stehende Zeit an Unterricht für das einzelne Thema wird durch diese kombinierte Betrachtung geringer. Zugleich verlangt die Unterscheidung in Begleitung, Selbstlernen und gemeinsames Lernen eine Ausrichtung der Inhalte an der Arbeitsform. Etwas zugespitzt formuliert: Ich kann nicht einfach in einen Lehrervortrag wechseln, wenn es größere Stoffmengen zu vermitteln gilt, sondern muss das Thema so auswählen und aufbereiten, dass es in Form der eigenständigen Beschäftigung aufzuarbeiten ist. Hier liegt sicherlich auch einer der Gründe für den erhöhten Arbeitsaufwand der Lehrkräfte. Da es eine festgefügte Abfolge von Arbeitsformen im digitalen Bereich gibt, muss die Vorbereitung wesentlich detaillierter und in den einzelnen Teilen fester abgestimmt erfolgen. Insofern hat das Projekt *KathReliOnline* auch das Potential mittel- und langfristig Rückwirkungen auf den herkömmlichen Religionsunterricht zu haben.

„Veränderungen sind oftmals das einzige Mittel, um Bewährtes erhalten zu können. Die Situation des Faches Katholische Religionslehre in den Diasporagebieten Thüringens erfordert solch eine Veränderung, um die Möglichkeit der religiösen Bildung weiterhin zu gewährleisten."[18] Diese Aussage kann eben auch so gelesen werden, dass abgesehen von der ‚Rettung' des Religionsunterrichtes auf dem digitalen Weg auch eine Erweiterung oder mindestens Veränderung der Möglichkeiten religiöser Bildung als generelle Wirkung für das Fach zu erwarten

---

[16]   Vgl. Geisler, Alissa/Sajak, Clauß Peter (2024): Evaluation. S. 41.
[17]   Ebd. S. 42.
[18]   Günther, Julia (2020): KathReliOnline – Neues wagen!. S. 100.

sein könnte. Nicht zuletzt muss genau betrachtet werden, inwiefern das konsequente sich Einlassen auf die digitale Lebenswelt nicht auch die Inhalte selbst verändert. Wenn im Rahmen der Thematik Frage nach Gott mit den Mitteln von Social Media Accounts oder Kanälen von Youtuberinnen und Youtubern gearbeitet wird, öffnet sich die inhaltliche Betrachtung nicht nur für andere, digitale Wege, sondern zugleich geschieht Öffnung auf einen Weg des Dialogs mit ganz unterschiedlichen religiösen Vorstellungen und Herangehensweisen.

2.   Form: *KathReliOnline* und der Bezug zum digitalen Transformationsprozess in der Gesellschaft

„Einerseits bietet Bildung mit digitalen Medien in didaktischer Hinsicht ganz neue Möglichkeiten. Andererseits ist Medienbildung für einen menschendienlichen und verantwortlichen Umgang mit digitalen Medien unerlässlich."[19] Diese Aussage aus der DBK-Schrift „Medienbildung und Teilhabegerechtigkeit" weist zu Recht daraufhin, dass in der digitalen Transformation immer auch die Frage nach einem menschendienlichen und verantwortlichen Umgang mit digitalen Medien steckt. Wie oben bereits angedeutet, wird somit in einem unter vorwiegend digitalen Bedingungen stattfindenden Unterricht die Digitalität selbst zum Thema. Zugleich wird Digitalität unter der Perspektive des christlichen Menschenbildes betrachtet und bezieht soziale, ethische und auch spirituelle Fragen mit ein.

In der Evaluation drückt sich dieser Sachverhalt in folgenden Statements aus: „Der Erwerb von Medienkompetenz gilt den Lehrerinnen als eine herausragende Chance. [...] Da die Schülerinnen und Schüler alle ein iPad sowie entsprechende Software zur Verfügung haben, können sie sich selbstständig in den Umgang mit Medien einarbeiten und diese kreativ nutzen. Zudem haben die Lehrerinnen Methodenworkshops angeboten, die den Schülerinnen und Schülern in kurzer Zeit einige digitale Anwendungen näherbrachten."[20] Verwiesen wird hier auch auf das SAMR-Modell, durch das der Einsatz digitaler Medien auch im Hinblick für eine Thematisierung der Digitalität selbst gewertet werden kann – bei aller Pauschalisierung, die solche Modelle auch mit sich bringen.[21] Gerade die Dimensionen der Modification (M) und der Redefinition (R) waren bei der Konzeption von Aufgabenstellungen und den damit angezielten, von den Schülerinnen und Schülern zu erarbeitenden Lösungen, im Blick.[22] Das digitale

---

[19]   Sekretariat der Deutschen Bischofskonferenz (Hg.): Medienbildung und Teilhabegerechtigkeit. S. 7.
[20]   Geisler, Alissa/Sajak, Clauß Peter (2024): Evaluation. S. 39.
[21]   Vgl. ebd. S. 56.
[22]   Vgl. ebd. S. 57.

Arbeiten sollte also nicht einfach ‚nur' ein anderer Weg sein, um ansonsten analoge Lernwege und Arbeitsformen nun in anderer Weise zu erledigen, sondern die digitalen Arbeitsformen und -ergebnisse hatten einen eigenständigen Wert, da sich hier auch Erkenntnisse über und mit Digitalität abbildeten. Als Beispiele werden das Einbinden von Audios und Videos in Präsentationen, das Erstellen von Podcasts, eigene Social-Media Auftritte[23] sowie eine Radiosendung mitsamt Storyboard oder interaktive Präsentationen als Screencast[24] genannt. Gleichzeitig beklagen Lehrkräfte, dass es noch viel zu wenig geeignetes Material für die Durchführung eines Unterrichtes auf nahezu ausschließlich digitalem Wege gibt.[25]

Es entsteht die ambivalente Situation, dass sich die inhaltliche und methodische Durchführung des Unterrichts auf digitalem Wege sehr aufwändig gestaltet, da es kaum geeignetes Material und passende Unterrichtsmodelle gebe. Zudem verlange die Aufteilung des Projektes in Selbstlern-, Kooperations- und digitale Präsenzphasen eine exaktere Planung als bisher. Auf der anderen Seite stehe die Anreicherung des Unterrichts mit Medienkompetenz und das Hinführen zu digitalen Lehr-Lernwegen, welches von den Schülerinnen und Schülern mit Bezug zur eigenen Lebenswelt als außerordentlich positiv erlebt wird.

Mittel- und Langfristig wird die Arbeit an einer Didaktik des Digitalen zu einer vordringlichen Aufgabe für die Schule und speziell auch für den Religionsunterricht. Nicht nur die technischen Rahmenbedingungen müssen vorliegen (Digitalisierung), sondern Lehren und Lernen muss selbstverständlich inhaltlich und methodisch auch digital stattfinden können (Digitalität). Nur dann kann eine Kombination aus Standardisierung und Flexibilisierung, wie sie das Projekt *KathReliOnline* kennzeichnet, für den Religionsunterricht in Zeiten digitaler Transformation wirksam werden. „Um diese Kombination aus Standardisierung und Flexibilisierung zu ermöglichen, müssen Lehrende und Lernende gleichermaßen zu einer Änderung ihres Rollenverständnisses bereit sein. Während Lehrende vermehrt Lernprozesse initiieren und begleiten und weniger Wissensvermittler sind, müssen Lernende die Interaktion und Selbsttätigkeitsbereitschaft erhöhen, um auch selbstständig Wissen und Fertigkeiten generieren, kommunizieren und anwenden zu können. Die Kommunikationswege differenzieren sich sowohl zeitlich (synchron/asynchron) als auch formal (schriftlich/mündlich, gemeinsam/individuell) aus und die Entscheidung über die Wahl des Lernweges und des Lernmediums tritt gleichberechtigt neben das angestrebte Lehr-Lernziel."[26]

---

[23]   Vgl. Geisler, Alissa/Sajak, Clauß Peter (2024): Das Projekt KathReliOnline. S. 52.

[24]   Vgl. ebd. S. 40.

[25]   Vgl. ebd. S. 37.

[26]   Ostermann, Martin (2019): Das Beste aus zwei Welten. Blended Learning und Praxislernen. In: Ulrich Feeser-Lichterfeld/Kai G. Sander (Hg.) (2019): Studium trifft Beruf. Praxisphasen und Praxisbezüge aus Sicht einer angewandten Theologie. Ostfildern, S. 139–146. S. 146.

Das Projekt *KathReliOnline* verdeutlicht, dass Standardisierung von religiösen Lernprozessen im Bereich des Digitalen sich sowohl auf die technische Umgebung, das zur Verfügung stehende Unterrichtsmaterial sowie den angepassten Lehr- und Inhaltsplan bezieht, als auch auf die organisatorische und methodische Ausgestaltung der Lehr-Lernprozesse sowie die Frage nach dem Zusammenhang von Religion und Digitalität. Flexibilität wiederum ist nicht nur für die Selbstlernphasen hervorzuheben[27], sondern kann sich gerade auch auf die virtuelle Präsenz in Online-Meetings beziehen. Es wird von den Schülerinnen und Schülern betont, „dass der Rhythmus, in dem Videokonferenzen stattfinden, an die Lerngruppe angepasst werden solle, um produktiven Austausch zu fördern."[28] Flexibilität sollte organisatorisch, aber auch pädagogisch aufgefasst werden, denn damit ist eine Steigerung von Verantwortung für den eigenen Lernerfolg und eine Motivation zur Kreativität verbunden. „Dabei sollen Schülerinnen und Schüler auch individuelle Schwerpunkte setzen, eigene Entscheidungen bei der kreativen Umsetzung von Aufgaben treffen und ihr Lerntempo selbst bestimmen."[29] In diesem Sinne sind die Leitmotive Standardisierung und Flexibilisierung, die digitale Transformationsprozesse kennzeichnen, auch im Projekt *KathReliOnline* umgesetzt, wenngleich erst in einer Versuchsphase, in der noch nicht alle Formen und Inhalte festgelegt sind.

An dieser Stelle ist auch auf die von einer Lehrkraft geäußerte Kritik hinzuweisen, dass auf digitalem Wege zu viel kognitiv und zu wenig praktisch Erfahrung gesammelt werden könne. Das Beispiel dafür sind Besuche von außerschulischen Orten.[30] Diese Aussage steht teilweise im Widerspruch zu der Erfahrung, „dass ein Zusammenkommen im digitalen Raum nicht unbedingt als defizitär gegenüber einem Treffen im analogen Raum angesehen werden müsse."[31] Hier bleibt genau zu prüfen, inwieweit Begegnungslernen, das Erfahren von Orten und anderen Menschen in den digitalen Raum überführt oder aber als gleichwertig anzusehende Erfahrungen ermöglicht werden können. Auch jetzt ist die Arbeit mit außerschulischen Begegnungen im Hinblick auf den Unterrichtsalltag immer noch eher die Ausnahme als die Regel. Digital bieten sich durch virtual Reality aber auch durch digitale Angebote konkreter Orte (z. B. im Bereich von Museen und Denkmälern) durchaus Möglichkeiten an.

---

27 Vgl. Geisler, Alissa/Sajak, Clauß Peter (2024): Evaluation. S. 44.
28 Ebd. S. 38.
29 Ebd. S. 54.
30 Vgl. ebd. S. 40.
31 Ebd. S. 42.

3.   RU und Digitalität – über zukunftsfähige religiöse Bildung

Das Projekt *KathReliOnline* zeigt zum einen, dass digitale Wege und Organisationsformen Raum bieten können für kreative Weiterentwicklung von Lehren und Lernen. Digitalität wird zu einer Ermöglichung von Chancen, die sich in herkömmlicher (analoger) Weise kaum mehr bieten. „Gelobt wird die hohe Motivation vieler beteiligter Schülerinnen und Schüler sowie ein großes Interesse sowohl an den Inhalten des Religionsunterrichts als auch an den Methoden des Blended Learning-Formats."[32] Zum anderen wird deutlich, dass ein Wechsel von (weitgehend) analogem Präsenzunterricht zu (fast ausschließlich) digitalem Unterricht mit einem fest organisierten Wechsel aus Eigenständigem Lernen, kollaborativen Arbeiten und gemeinsamer Arbeitszeit nach einer Standardisierung verlangt, welche die Freiräume der Flexibilität zuletzt erst vollends ermöglicht und sichert.

Ein Einlassen auf die digitale Lebenswelt hat nicht nur Folgen für die Arbeits- und Organisationsweise, sondern wirkt auch zurück auf die Wahrnehmung und Reflektion religiöser Inhalte. Das Beispiel der Methode Radiosendung im Bereich der Christologie[33] zeigt nicht nur eine digitale Kreativität in der Methodenwahl, sondern führt auch zu einem veränderten Blick auf das Thema. Gerade hier sind aber Chancen für den Religionsunterricht vor neuen Herausforderungen zu sehen. Der Religionsunterricht ist dann nicht nur der (oft) einzige Ort der Begegnung mit dem Glauben und der Hoffnung der Kirche, sondern kann auch innovativ wirken im Blick auf das Verständnis von Religion, Glaube und Gemeinschaft.

„In Fortsetzung dieser Argumentation erscheint es so, dass Individualisierungs-, Enttraditionalisierungs-, Globalisierungs- und nicht zuletzt Digitalisierungsprozesse dazu beigetragen haben, dass Familie wie auch Religion entstrukturiert wurden. Was beide ‚sind', das steht nicht mehr aufgrund historisch gewachsener Traditionen fest, sondern ist jeweils in gesellschaftlichen Aushandlungsprozesse zu ermitteln."[34] Der Religionsunterricht, insbesondere in einer Öffnung für Inhalte und Formen digitaler Lebenswelt, kann dann (noch mehr) ein wichtiger Teil der im Zitat genannten gesellschaftlichen Aushandlungsprozesse sein. Digitalität als ein kulturveränderndes Zeichen der Zeit sollte in jedem Fall Teil religiöser Lehr-Lernprozesse sein. Im Projekt *KathReliOnline* ist Digitali-

---

[32]   Geisler, Alissa/Sajak, Clauß Peter (2024): Evaluation. S. 35.
[33]   Vgl. ebd. S. 40.
[34]   Nord, Ilona (2021): Religiöse Sozialisation von Jugendlichen in mediatisierter Welt. Ausgangsfragen und Zielsetzungen. In: Beck, Wolfgang/Nord, Ilona/Valentin, Joachim (Hg.) (2021): Theologie und Digitalität. Freiburg, S. 257–280. S. 268f.

tät zugleich zu Rahmen und Motor eines auf Zukunft angelegten Religionsunterrichts geworden. Es bleibt zu wünschen, dass dies nicht nur eine Fortsetzung, sondern auch dann Berücksichtigung erfährt, wenn existenzielle Notlagen wie eine weit vorangeschrittene Diasporasituation (noch) nicht vorliegen.

Literatur

Geisler, Alissa/Sajak, Clauß Peter (2024): Das Projekt KathReliOnline. Eine religionspädagogische Evaluation. Münster. In diesem Band, S. 29–63.

Günther, Julia (2020): KathReliOnline – Neues wagen!. In: Tomberg, Markus/Verburg, Winfried (Hg.) (2020): RU 4.0. Religiöse Bildung und Digitalisierung. Dokumentation des 15. Arbeitsforums für Religionspädagogik. Fulda, S. 100–112.

Nord, Ilona (2021): Religiöse Sozialisation von Jugendlichen in mediatisierter Welt. Ausgangsfragen und Zielsetzungen. In: Beck, Wolfgang/Nord, Ilona/Valentin, Joachim (Hg.) (2021): Theologie und Digitalität. Freiburg, S. 257–280.

Ostermann, Martin (2019): Das Beste aus zwei Welten. Blended Learning und Praxislernen. In: Ulrich Feeser-Lichterfeld/Kai G. Sander (Hg.) (2019): Studium trifft Beruf. Praxisphasen und Praxisbezüge aus Sicht einer angewandten Theologie. Ostfildern, 139–146.

Pirker, Viera (2020): Religionspädagogik in der digitalen Transformation. In: Tomberg, Markus/Verburg, Winfried (Hg.) (2020): RU 4.0. Religiöse Bildung und Digitalisierung. Dokumentation des 15. Arbeitsforums für Religionspädagogik, Fulda, S. 12–32.

Sekretariat der Deutschen Bischofskonferenz (Hg.) (2017): Der Religionsunterricht vor neuen Herausforderungen. Bonn.

Sekretariat der Deutschen Bischofskonferenz (Hg.) (2016): Medienbildung und Teilhabegerechtigkeit. Impulse der Publizistischen Kommission der Deutschen Bischofskonferenz zu den Herausforderungen der Digitalisierung (Arbeitshilfen 288). Bonn.

Das Projekt *KathReliOnline* – Eine katholische Perspektive

Daniel Meyer zu Gellenbeck & Heiko Overmeyer

Die Sicherung und Stärkung des Katholischen Religionsunterrichtes in den Diasporagebieten Thüringens auf dem Pfad des Blended Learnings[1] ist das Ziel des Projektes *KathReliOnline*. Die Einladung, die Projektergebnisse auch durch Beobachter aus dem Bistum Münster kommentieren zu lassen, erfreut und ist zugleich erklärungsbedürftig: Gemäß einer Binsenweisheit geschieht Wahrnehmung nicht voraussetzungslos – und zumindest auf den ersten Blick sind Voraussetzungen und Lage des Katholischen Religionsunterrichts in Westfalen und in Thüringen nicht deckungsgleich. So gehört es zu Beginn dieser „westfälisch-katholischen" Kommentierung der Projektergebnisse aus Transparenzgründen dazu, Position und Interessen der Kommentierenden zu erklären.

1. Von Münster aus katholisch interessiert auf *KathReliOnline* blicken

Zunächst: Die Not mit Blick auf Möglichkeiten, überhaupt Religionskurse zu bilden, scheint in unserer Region erheblich geringer als im Modellraum in Thüringen. Hier scheint der Religionsunterricht gesicherter. Allerdings stellt sich die Lage im Bistum Münster regional höchst unterschiedlich dar. Und auch hier ist die demografische Entwicklung spürbar und lässt zumindest in einigen Regionen auch schon heute die Frage aufkommen, wie man „Reli noch retten kann". Ist diese Not also aktuell vielleicht noch nicht so existenziell wie im Projektraum, so ist doch auch für unsere Region der ehrliche Blick auf frische Ansätze zur Sicherung des Religionsunterrichtes mehr als einfach nur interessant.

Hinzu kommt: Der Versuch einer konstruktiven und praktikablen Reaktion auf die sich massiv verändernde religiöse Zusammensetzung der Klassen und auf die massiven Abbrüche in der religiösen Sozialisation überhaupt liegt auch aus der Münsteraner Perspektive als eine Problemstellung obenauf. Dabei ist im Bistum Münster eine Grundausrichtung insofern vorgegeben, als dass hier bewusst

---

[1]   Vgl. Geisler, Alissa/Sajak, Clauß Peter (2024): Das Projekt KathReliOnline. Eine religionspädagogische Evaluation. In diesem Band, S. 29–63.

die NRW-Variante des konfessionell kooperativen Religionsunterrichtes als eine Möglichkeit gesehen wird, diesem Wandel zu begegnen. Es dürfte spannend sein, die Ergebnisse und Reflexionen zu zwei unterschiedlich ausgerichteten Projekten, die auf dieselbe Problemstellung des Religionsunterrichtes reagieren wollen, nebeneinander zu legen.

Und schließlich öffnet sich *KathReliOnline* auf eine spezifische Art und Weise dem Komplex der digitalen religiösen Bildung, die sich durch Corona beschleunigt letztlich überall und dauerhaft stellt. Die Antwort des Erfurter Projektes auf diese Problemstellung ist durch eine Grundentscheidung für das „Blended Learning" pointiert gesetzt. Da sich das Bistum Erfurt bewusst einer wissenschaftlichen Begleitung und Reflexion stellt sind hier wertvolle Hinweise für das allgemeine Feld einer digitalen religiösen Bildung zu erwarten. Im Bereich der Fortbildung für Religionslehrerinnen und Religionslehrer im Bistum Münster wird in diesem Zusammenhang auf verschiedenen Ebenen über Möglichkeiten und Grenzen einer digitalen Didaktik des RU nachgedacht. Aus unserer Perspektive wäre es sehr erhellend, die in unserem Bereich diskutierten Elemente einer digitalen Didaktik in Beziehung zu setzen mit der didaktischen Anlage und der entsprechenden Auswertung des Projekts *KathReliOnline*.

Dieser Hintergrund prägt unseren Blick auf das hier vorgestellte Projekt des Bistums Erfurt.

2.   Der Projektanspruch

Der Anspruch und die Konzeption des Projektes (und damit die selbst gestellte Aufgabe) sind beeindruckend[2]: Das Modellvorhaben will den RU in einer Diasporasituation sichern, indem ein fachspezifisches eigenes Blended-Learning-Setting geschaffen wird. Die Hardware-Ausstattung und der mobile Internetzugang werden durch das Bistum übernommen, die rechtskonforme digitale Arbeitsumgebung wird vom Bundesland gestellt (Schulcloud); diese wird, so die Konzeption, projektbegleitend überarbeitet. Kern des hybriden Arbeitsraums ist die Möglichkeit, individuelle Lernphasen und digitale wie analoge Präsenzphasen flexibel zu gestalten.

Damit bietet das Projekt zunächst einmal grundsätzlich die Möglichkeit, Religionsunterricht digital zu denken und zu gestalten. Dass dies aus einer Notsituation (Diaspora) heraus geschieht, verringert die Chancen des Projektes keineswegs, die grundsätzlich darin liegen sollen, Potenziale des digitalen Lernens im RU zu realisieren.[3]

---

[2]   Vgl. Geisler, Alissa/Sajak, Clauß Peter (2024): Evaluation. S. 29f.
[3]   Vgl. ebd. S. 29.

Dass sich Bistum und Land konstruktiv auf eine Arbeitsteilung bei der Ausstattung einigen konnten, die so, wie sie angelegt ist, einen sicheren technischen und technisch-rechtlichen Rahmen für die beteiligten Schülerinnen und Schüler und Lehrerinnen und Lehrer bietet, ist löblich und sollte Vorbild für die Kooperation von Staat und Kirche auch in anderen Bundesländern sein. Allerdings lässt Konzept bzw. Anspruch schon erahnen, dass ein Hauptteil der konkreten Entwicklungsarbeit im Projekt bei den Lehrkräften liegen wird. Und damit ist zu vermuten, dass das inhaltliche Gelingen des Projektes stark vom Idealismus der LehrerInnen abhängt.

3. Chancen

Drei Chancen digitalen Arbeitens im Religionsunterricht, die durch die vorliegenden Daten von *KathReliOnline* bestätigt werden, sollen vorab besonders hervorgehoben werden:

- Mit dem Faktum, dass überhaupt arbeitsfähige Religionskurse gebildet werden konnten, hat *KathReliOnline* das erste selbst gesteckte Ziel erreicht. Ob Modell oder nicht: Gezeigt wurde, dass Religionsunterricht auf digitalem Weg stattfinden kann und dass auf digitalem Weg das Angebot eines Religionsunterrichts gesichert werden kann.
- Digitalität motiviert – zumindest motivieren digitale Anwendungen. Die Befragung der Schülerinnen und Schüler scheint dies zu bestätigen. Die Evaluation macht deutlich, dass das digitale Format die Neugier auf Seiten der Schülerinnen und Schüler erhöht hat.[4]
- Digitales Arbeiten muss nicht zur Vereinzelung führen – im Gegenteil wünschen sich Schülerinnen und Schüler Vernetzung und schätzen anscheinend auch den Wert von präsentischem Austausch.[5]

4. Was nachdenklich macht

KathReliOnline ist zu danken, dass es mit Daten abgesicherte Eindrücke öffentlich macht, die Fragen aufwerfen und die nachdenklich machen. Aus (der oben dar-

---

[4]   Vgl. Geisler, Alissa/Sajak, Clauß Peter (2024): Evaluation. S. 35.
[5]   Vgl. ebd. S. 49.

gelegten) „münsteraner" Perspektive ist interessant, dass die Punkte, die nachdenklich machen, denen sehr ähneln, die die wissenschaftliche Evaluation des
koko RU in NRW aufgeworfen hat.[6]

a) Entwicklungsdynamik von Weiterentwicklungen?
Grundsätzlich nehmen wir mit Blick auf koko RU wie auf das Projekt *KathReliOnline* wahr, dass Veränderungsprozesse zwar top-down geplant und angestoßen
werden können. Erfolg und Qualität dieser Prozesse hängen allerdings maßgeb-
lich an Engagement und Bereitschaft der LehrerInnen.

b) Arbeitsaufwand und höhere (überfordernde?) Verantwortlichkeit der Un-
    terrichtenden?
Die konzeptionelle Anlage von *KathReliOnline* und die Reflexion machen deutlich,
dass der Arbeitsaufwand für die unterrichtenden Kolleginnen und Kollegen ext-
rem hoch ist: Sie tragen zunächst die Verantwortung für die Gestaltung der
„Blended-Learning-Prozesse" (neben ihrem parallellaufenden herkömmlichen
Unterricht). Hinzu kommt der erhöhte Arbeitsaufwand mit Blick auf die einsetzbaren Materialien. Sollte der Ansatz von *KathReliOnline* auf Dauer gestellt werden, wäre hier zu fragen, ob z. B. Verlage die Bereitstellung von viablen Materialien (z. B. mit Blick auf Urheberrecht und Schülerorientierung) übernehmen
können – und wer die entsprechenden Ressourcen bereitstellt. Den unterrichtenden Kolleginnen und Kollegen sollte dies nicht dauerhaft aufgebürdet werden. Möglicherweise müssen sich hier auch Bistümer fragen lassen, was ihr fach-
licher und unterstützender Beitrag sein kann. Aus unserer Sicht gilt dies sowohl
für Projekte wie *KathReliOnline* als auch für den koko RU in NRW.

c) Unterrichtsinhalte?
Eine grundsätzliche Frage stellt sich mit Blick auf die Qualitätssicherung: Den
Lehrkräften wurde die Aufgabe zugewiesen, die gültigen Vorgaben der Lehrpläne den Anforderungen der digitalen Lernumgebung anzupassen.[7] Wir fragen
uns, wer Straffungen bzw. Änderungen im Lehrplan verantwortet und ob diese
gesetzt sind durch die Form des „Blended Learnings". Diese Frage stellt sich an
Bundesland und Kirche in ihrer gemeinsamen Verantwortung für die Lehrplan-
gestaltung. Ob denkbar ist, dass diese Änderungen in der Verantwortung der unterrichtenden KollegInnen stehen, müssten beide Instanzen klären. Sollten, wie
zu vermuten ist, aber die bestehenden Zuständigkeiten eingehalten werden,
müsste der Lehrplan grundsätzlich einer Revision unterzogen werden – was
möglicherweise die Chancen einer Lösung für das in Punkt (5) anzusprechende

---

[6]   Vgl. Zimmermann, Mirjam/Riegel, Ulrich (Hg.) (2021): Working Paper 3. Forschungsbe-
       richt zur Befragung der Lehrpersonen. Online verfügbar unter: https://www.uni-sie
       gen.de/phil/eval_kokoru_nrw/eval_kokoru_nrw-forschungsbericht_lehrpersonen.pdf.
       (Zuletzt geprüft am 26.10.2023).
[7]   Vgl. etwa Geisler, Alissa/Sajak, Clauß Peter: Evaluation. S. 55.

Problem einer digitalen Didaktik erhöht. Ob dies aber realistisch ist, ist zumindest fragwürdig. Auf jeden Fall sollte beachtet werden, dass entweder klare und realistische Vorgaben gestellt werden – oder, dass Kolleginnen und Kollegen hier Freiheiten und auch entsprechende Entlastung erhalten. Diese Problematik stellt sich aus unserer Sicht ebenfalls im koko RU in NRW.

d)   Tatsächlicher Lernertrag?
Interessant (und aktuell anscheinend nicht zu beantworten) ist die Frage nach dem Lernertrag: Lernen Schülerinnen und Schüler im Projekt *KathReliOnline* mehr, gleichviel oder weniger als im herkömmlichen Religionsunterricht? Oder lernen sie in diesem Setting *anders* und *anderes*? Welcher Lernertrag wird in *KathReliOnline* erfasst: Die reine „Stoffmenge" oder auch die Qualitätsdimensionen eines existenziell bedeutsamen religiösen Lernprozesses? Hierzu Daten zu erhalten und in die Diskussion einzusteigen wäre lohnend – nicht nur für Projekte wie dem hier untersuchten, sondern für jede „neue Form" des RU.

e)   Blended Learning – digitale Didaktik?
Aus unserem Blickwinkel heraus möchten wir an dieser Stelle zum einen das Anliegen einer „Digitalen Didaktik des RU" stark machen. Diese wird verschiedentlich diskutiert, unterrichtspraktisch erprobt und reflektiert.[8] Es wäre interessant zu überlegen, welche Elemente aus diesen und anderen didaktischen Überlegungen gezielt in Setting und Inhalte von *KathReliOnline* und die dortige Entscheidung für ein Konzept des „Blended learning" eingeflossen sind und wie diese reflektiert wurden: Gab es ein bewusstes digital-didaktisches Lehr-Lern-Design und wurden etwa die Aufgabenstellungen entsprechend formuliert – und wie wurde dies reflektiert?

Deutlich zeigt sich an *KathReliOnline*, wie interdependent Methodik und Didaktik sich ausprägen. Vor diesem Hintergrund und vor dem unserer eigenen Erfahrungen, Reflexionen und Diskussionen möchten wir hier ohne Anspruch auf Vollständigkeit vier spezifische und für uns zentrale Qualitätskriterien auf dem Entwicklungspfad für eine digitale Didaktik des Religionsunterrichtes zur Diskussion stellen:

---

[8]   Hingewiesen sei an dieser Stelle exemplarisch auf einige Werke, die uns in unserem Suchen bei der Frage nach einer digitalen Didaktik des RU aktuell begleiten: Brieden, Norbert/ Mendl, Hans/Reis, Oliver/Roose, Hanna (Hg.) (2021): Digitale Praktiken (Religion lernen. Jahrbuch für konstruktivistische Religionsdidaktik Band 12). Babenhausen. Nord, Ilona/Petzke, Judith (Hg.) (2023): Religionsdidaktik diversitätsorientiert und digital. Praxishandbuch. Berlin. Nord, Ilona/Zipernovszky, Hanna (Hg.) (2017): Religionspädagogik in einer mediatisierten Welt. Stuttgart. Palkowitsch-Kühl, Jens (2023): Digitale Medien im Religions- und Ethikunterricht. Bedingungsfaktoren für die Medienintegration an Schulen (Religionspädagogik innovativ Band 58). Stuttgart.

- *berührend tief und transparent* (Wie kann ein digitaler Religionsunterricht Erfahrungsräume für die „letzte Tiefe"[9] offenhalten?),
- *feedback-orientiert* (Wie kann auch im digitalen RU eine im positiven Sinne kollaborative Bearbeitung von Aufgaben gelingen?),
- *diskursiv* (Wie können kritisches Denken und die Balance von Instruktion und Konstruktion beim Theologisieren digital gelingen?),
- *beziehungsorientiert* (Wie kann man eine persönliche, vertraute, symmetrische Kommunikation zwischen allen am Unterricht Beteiligten im digitalen RU fördern und vertiefen?)

Im Raum stehen damit aus unserer Sicht eine Frage und ein Vorschlag:

Die Frage ist, bewusst zugespitzt formuliert, welche tiefergehende digitale Didaktik dem Projekt *KathReliOnline* zu Grunde liegt bzw. welchen Beitrag dieses Projekt für eine digitale Didaktik des RU bereitstellen kann?

Unser Vorschlag ist ein intensives Gespräch zwischen interessierten (Einrichtungen oder Personen) Akteuren aus Unterrichtspraxis und Wissenschaft, denen es um eine zukunftsfähige digitale Didaktik des Religionsunterrichtes geht. Hier könnte *KathReliOnline* eine gute Ausgangslage für eine gelingende Diskussion und Weiterentwicklung bieten. Langfristig hätte dies vermutlich positive Effekte auf die oben angesprochene Problematik der Belastung der Lehrerinnen und Lehrer und der Legitimation durch die Lehrpläne. Möglicherweise könnte überdies eine Motivation bei Schülerinnen und Schülern erzeugt werden, die über die Motivation auf der digital-technischen Schiene hinausgeht.

5.   Perspektive?

KathReliOnline lässt erkennen, dass katholischer Religionsunterricht digital funktioniert und damit gesichert werden könnte. Offen ist aber anscheinend noch, welcher Religionsunterricht dies ist. Ob der vom Projekt eingeschlagene Weg weiterverfolgt wird, hängt an den politischen Entscheidungen im Bistum Erfurt ab – und scheint mit der Einführung des koko Ru dort zumindest fraglich.[10]

Grundsätzlich bedeutsam aber sind die grundsätzlichen Punkte, an denen dieses Projekt den „Finger in die Wunden" legt: Ja, Reli-Unterricht ist digital möglich und sicherbar – aber letztlich hängt dies am „politischen" Willen der Beteiligten:

---

9   Rahner, Karl (2021): Gotteserfahrung heute. Freiburg. S. 21ff.
10   Vgl. Katholisch.de (Hg.) (2023): Bistum Erfurt hofft auf mehr Beteiligung an neuem Reliunterricht. Online verfügbar unter: htps://www.katholisch.de/artikel/46596-bistum-erfurt-hofft-auf-mehr-beteiligung-an-neuem-reli-unterricht. (Zuletzt geprüft am 26.10. 2023).

- Ist man bereit, den Unterricht fachgerecht und technisch adäquat auszustatten?
- Ist man bereit, über „wirklich" geeignete Lehrpläne und eine „wirkliche" digitale Didaktik des RU nachzudenken?
- Ist man bereit, die inhaltliche Verantwortung dort zu übernehmen, wo man zuständig ist (und dies nicht den unterrichtenden Kolleginnen und Kollegen zusätzlich aufzubürden)?
- Ist man bereit, mögliche Mehrarbeit für die Kolleginnen und Kollegen zu entlasten?
- Sind die Kolleginnen und Kollegen bereit, derartige Änderungen und eine „wirkliche" Digitalität im Fach auch mitzuvollziehen?
- Wie können weitere Entwicklungen im Bereich digitalen Lernens in die Ausgestaltung des Formates mit einfließen (z. B. KI)?[11]
- Und schließlich: Sind die für Fortbildung verantwortlichen Stellen bereit und in der Lage, eine solche Wende in die Digitalität zu begleiten?

KathReliOnline bietet eine Gelegenheit und fundierte Anlässe, die grundsätzliche Digitalisierungsdiskussion im und um den RU zu führen. Zu hoffen ist, dass man diese Diskussion mit neugierigem Blick auf Digitalität, einem guten Blick auf das, was Schülerinnen und Schüler und Lehrerinnen und Lehrer brauchen, um gut lehren und lernen zu können, und mit einer großen Portion Neugier und Gelassenheit führt. Von einer solchen Diskussion würde aus unserer Perspektive ebenfalls der RU allgemein, und damit auch in NRW und im Bistum Münster, profitieren. Für diese Gelegenheit sind wir dem Projekt, seinen Initiatorinnen und Initiatoren, den fachwissenschaftlich Begleitenden sowie den beteiligten Lehrerinnen und Lehrern dankbar.

Literatur

Blume, Bob (2023): ChatGPT nur ein weiteres Werkzeug – 10 Thesen. Online verfügbar unter: https://bobblume.de/2023/03/09/diskussion-chatgpt-nur-ein-weiteres-werkzeug-10-thesen/. (Zuletzt geprüft am 26.10.2023).

Brieden, Norbert/ Mendl, Hans/Reis, Oliver/Roose, Hanna (Hg.) (2021): Digitale Praktiken (Religion lernen. Jahrbuch für konstruktivistische Religionsdidaktik 12). Babenhausen.

Geisler, Alissa/Sajak, Clauß Peter (2024): Das Projekt KathReliOnline. Eine religionspädagogische Evaluation. In diesem Band, S. 29-63.

Katholisch.de (Hg.) (2023): Bistum Erfurt hofft auf mehr Beteiligung an neuem Reliunterricht. Online verfügbar unter: htps://www.katholisch.de/artikel/46596-bistum-erfurt-hofft-auf-mehr-beteiligung-an-neuem-reli-unterricht. (Zuletzt geprüft am 26.10.2023).

---

[11]   Vgl. exemplarisch Blume, Bob (2023): ChatGPT nur ein weiteres Werkzeug – 10 Thesen. Online verfügbar unter: https://bobblume.de/2023/03/09/diskussion-chatgpt-nur-ein-weiteres-werkzeug-10-thesen/ (Zuletzt geprüft am 26.10.2023).

Nord, Ilona/Petzke, Judith (Hg.) (2023): Religionsdidaktik diversitätsorientiert und digital. Praxishandbuch. Berlin.

Nord, Ilona/Zipernovszky, Hanna (Hg.) (2017): Religionspädagogik in einer mediatisierten Welt. Stuttgart.

Palkowitsch-Kühl, Jens (2023): Digitale Medien im Religions- und Ethikunterricht. Bedingungsfaktoren für die Medienintegration an Schulen (Religionspädagogik innovativ 58). Stuttgart.

Rahner, Karl (2021): Gotteserfahrung heute. Freiburg.

Zimmermann, Mirjam/Riegel, Ulrich (Hg.) (2021): Working Paper 3. Forschungsbericht zur Befragung der Lehrpersonen. Online verfügbar unter: https://www.uni-siegen.de/phil/eval_kokoru_nrw/eval_kokoru_nrw-forschungsbericht_lehrpersonen.pdf. (Zuletzt geprüft am 26.10.2023).

Das Projekt *KathReliOnline* – Eine evangelische Perspektive

Jens Dechow

1.   Einleitung

Blickt man auf das Projekt *KathReliOnline* aus der Perspektive religionspädagogischer und kirchenpolitischer Diskurse im evangelischen Bereich, dann rücken folgende Aspekte in den Mittelpunkt der Aufmerksamkeit:

- *KathReliOnline* antwortet auf eine spezifische Herausforderung: Schülerinnen- und Schülerzahlen, die das Einrichten von katholischen Lerngruppen für den Religionsunterricht nicht ermöglichen. Betrachtet man die Dynamik hinsichtlich Kirchenzugehörigkeit, Ausbau des Ethikunterrichts und gesellschaftliche Akzeptanz des Faches Religion, dann liegt auf der Hand, dass auch ein konfessionell evangelisch ausgerichteter Religionsunterricht vermehrt vor die Frage gestellt ist, inwiefern er rein schulorganisatorisch tragfähige Gestaltungsformen findet.
- Die Gestaltung des konfessionellen Religionsunterrichts differenziert sich zunehmend aus, um gesellschaftlicher Heterogenität und kontextuellen Herausforderungen gerecht zu werden – in Konzepten wie der konfessionellen Kooperation, dem Christlichen Religionsunterricht, dem Religionsunterricht für alle oder in Form des interreligiösen Begegnungslernens. Hier ist zu fragen, ob im Portfolio der Gestaltungsformen das digitale schulübergreifende Format, das *KathReliOnline* entwickelt, als Teil eines differenzierten Lösungsansatzes verstanden werden kann.
- Zwar ist der Religionsunterricht aktuell (noch) nicht ausgeprägt von einem Mangel an Fachlehrerinnen und -lehrern betroffen. Das lässt sich aus der Modellrechnung 2021-2035 zum Lehrkräfteeinstellungsbedarf und -angebot der KMK schließen, auch wenn festzuhalten ist, dass in Bezug auf einzelne Fächer höchstens nichtquantifizierbare Trendaussagen vorgenommen werden können.[1] Als fächerübergreifende Herausforderung müssen jedoch auch

---

[1]   Sekretariat der Ständigen Konferenz der Kultusminister der Länder in der Bundesrepublik Deutschland (Hg.) (2022): Lehrkräfteeinstellungsbedarf und -angebot in der Bundesrepublik Deutschland 2021–2035. Zusammengefasste Modellrechnungen der Länder. Statistische Veröffentlichungen der Kultusministerkonferenz, Dokumentation Nr. 233. S. 12. Online verfügbar unter: https://www.kmk.org/fileadmin/Dateien/pdf/Statistik/Dokumentationen/Dok_233_Ber icht_LEB_LEA_2021.pdf. (Zuletzt geprüft am 02.11.2023).

Evangelische Schulen diesbezüglich Handlungsperspektiven entwickeln. So hat sich innerhalb des Netzwerkes schule-evangelisch-digital.de, das evangelische Profilbildung und digitale Schulentwicklung im Feld des evangelischen Schulwesens miteinander zu verknüpfen versucht, ein Prozess zur Konzeptionierung schulübergreifender hybrid-kooperativer Kursangebote entwickelt. Es ist zu analysieren, welche Impulse und Richtungsanzeigen dafür aus den Praxiserfahrungen von *KathReliOnline* abzuleiten sind.

– *KathReliOnline* als Projekt, „das in innovativer Weise auf die Tragweite von Digitalisierung reagiert"[2], kann – ausgehend von dem Anliegen der Sicherung eines konfessionell katholischen RU in einer spezifischen Region – grundlegende Erfahrungen mit digitalem Lernen und Lehren im Kontext von Schule sammeln und so einen Beitrag zur digitalen Schul- und Unterrichtsentwicklung liefern. Aus evangelischer Bildungsperspektive auf Digitalität und Unterricht rücken dabei insbesondere die Aspekte des individuellen und des kollaborativen Lernens in den Mittelpunkt. *KathReliOnline* hat diesbezüglich Praxiserfahrungen geliefert, denen nachgegangen werden soll.

Diese Dimensionen aufnehmend, analysiert der vorliegende Beitrag die Evaluationsergebnisse zu *KathReliOnline* in Bezug auf Gestaltungsformen des Religionsunterrichts, die Beziehung von evangelischem Bildungsverständnis und Digitalität sowie schulorganisatorische Herausforderungen.

2.   *KathReliOnline* als Baustein einer differenzierten Formatgestaltung des Religionsunterrichts

Angesichts einer zunehmend heterogenen gesellschaftlichen Konfiguration, die sich als Entwicklung hin zu einer „superdiversen Vielfalt"[3] fassen lässt und auch die religiöse Landschaft prägt, ist der Religionsunterricht in seiner Gestalt nach Art. 7.3 GG herausgefordert. Zwei Grundbewegungen lassen sich hinsichtlich seiner institutionellen Ausgestaltung erkennen. Die eine kann als Vereinheitlichungs-, die andere als Differenzierungsansatz beschrieben werden.

---

[2]   Geisler, Alissa/Sajak, Clauß Peter (2024): Das Projekt KathReliOnline. Eine religionspädagogische Evaluation. In diesem Band, S. 29–63. S. 50.

[3]   Fermor, Gotthard/Knauth, Thorsten/Möller, Rainer/Obermann, Andreas (2022): Dialog und Transformation. Auf dem Weg zu einer pluralistischen Religionspädagogik — Eine Einführung. In: Fermor, Gotthard/Knauth, Thorsten/Möller, Rainer/Obermann, Andreas (Hg.) (2022): Dialog und Transformation: Pluralistische Religionspädagogik im Diskurs. Münster, S. 11–73. S. 11.

Der vereinheitlichende Ansatz zielt entweder darauf ab, durch konfessionelle Zusammenführung und gemeinsame Verantwortungsübernahme von Kirchen bzw. Religionsgemeinschaften Lösungen zu entwickeln. Dazu zählt das Projekt des Christlichen Religionsunterrichtes in Niedersachsen sowie der Religionsunterricht für alle (RUFA 2.0) in Hamburg. Oder er stellt die Bindung an Religionsgemeinschaften grundsätzlich in Frage und fordert einen religionskundlichen Unterricht, der in der Bezugswissenschaft der Religionswissenschaften verankert ist, bzw. einen gemeinsamen Philosophie- oder Ethikunterricht, der religiöse Weltzugänge mit verhandelt.

Der differenzierende, für unseren Zusammenhang relevante Ansatz spiegelt sich in kondensierter Form im Positionspapier ‚Damit der Religionsunterricht zukunftsfähig bleibt‘, 2016 von 163 Religionspädagoginnen und Religionspädagogen aus Forschung und Lehre veröffentlicht[4], das die notwendige Kontextualität der Gestaltung des Religionsunterrichtes heraushebt: „Die Situation [...] ist oft von Ort zu Ort, Region zu Region, Schulform zu Schulform und sogar Schule zu Schule unterschiedlich. Es ist daher erforderlich, bereits existierende regionale Konzepte als kontextbezogene Antworten auf die vielgestaltige Situation wahrzunehmen und anzuerkennen. Genauso wichtig ist es, religionsunterrichtliche Konzepte und Organisationsformen zu entwickeln, die eine Passung an die Gegebenheiten vor Ort ermöglichen." Dies sind Organisationsformen, die dann auch einzelne der o. g. Konzept wie die Konfessionelle Kooperation mit einbinden.

KathReliOnline lässt sich in diese Grundbewegung einordnen: Das Konzept reagiert auf die spezifische Situation der katholischen Diasporagebiete Thüringens mit geringen katholischen Schülerinnen und Schüler-Zahlen und erprobt eine passgenaue, organisatorische Hürden abbauende Gestaltungsform konfessionellen Religionsunterrichts, ohne diese Form als ‚die‘ Ausgestaltung eines Religionsunterrichtes in Anschlag zu bringen.

Das o. g. Positionspapier zielt in seinem differenzierenden Ansatz auf einen „konfessionellen Religionsunterricht in kooperativer Orientierung und kontextueller Abstimmung". In unmittelbarer Verbindung mit der Kontextualität der Ausgestaltung werden hier also die Kriterien der Konfessionalität und der Kooperation gesehen. Damit sind Profilmerkmale benannt, die neben der Ermöglichung von Gestaltungsspielräumen die Forderung nach gemeinsamen, deutschlandweiten Eckpunkten und Standards aufruft. Es legt sich nahe zu prüfen, inwiefern die Dimensionen der Konfessionalität und der Kooperation in *KathReliOnline* berücksichtigt sind.

---

[4] Positionspapier: Damit der Religionsunterricht in Deutschland zukunftsfähig bleibt (2016). Online verfügbar unter: https://comenius.de/wp-content/uploads/2017/03/Positionspapier_zukunftsfaehiger-RU_Unterschriften_Stand_2016_12_16.pdf. (Zuletzt geprüft am 03.11.2023). Die folgenden Zitate des Kapitels beziehen sich auf diesen ohne Seitenangaben angelegten Text.

Konfessionalität lässt sich – auch hier noch einmal mit dem Positionspapier – fassen als eine Inhaltlichkeit, die „den Religionen in ihrer Eigenart als Lebensüberzeugungen entspricht", als transparente Positionalität der Lehrkräfte, an der Schülerinnen und Schülern Verstehensmöglichkeiten für ein „Christsein angesichts heutiger Lebensbedingungen" möglich werden, sowie als Anspruch, „die Vielfalt des Christlichen als Reichtum wach zu halten, ohne in traditionelle Muster der Konfessionalisierung zu verfallen". Als ein konfessioneller Religionsunterricht, verantwortet durch entsprechende Lehrkräfte, kann *KathReliOnline* in seiner Grundanlage zunächst einmal hier eingeordnet werden. Die Lehrkräfte orientieren sich – bei Reduzierung des Stoffumfangs – am Lehrplan Katholische Religionslehre.[5] Auf Schülerinnen und Schüler-Seite geben mehr als die Hälfte der Befragten als Grund für die Beteiligung an *KathReliOnline* an, nur so einen katholischen Religionsunterricht besuchen zu können.[6] Bezüglich transparenter Positionalität lässt die Befragung keine Einblicke zu.

Zu beachten ist, dass der Anspruch, nicht in traditionelle Muster der Konfessionalisierung zu verfallen, immer auch Momente der ökumenischen Überschreitung konfessioneller Perspektiven braucht. Das berührt das Profilmerkmal der kooperativen Ausrichtung des Religionsunterrichts, das im Positionspapier als Anspruch auftritt, durch kooperative Lernformate sowohl in konfessioneller und interreligiöser Hinsicht als auch in Bezug auf Alternativfächer zum RU „partnerschaftliche und dialogische Lernprozesse zu initiieren". Hier ist zu konstatieren, dass im befragten Schülerinnen und Schüler-Sample von *KathReliOnline* neben der überwiegenden Selbsteinordnung als katholisch jeweils eine Person angibt, evangelisch, orthodox und konfessionslos zu sein. Die Erfahrung aus dem Bereich des konfessionell-kooperativen Religionsunterrichts und auch des evangelischen Religionsunterrichts, an dem in wahrnehmbarem Maße Schülerinnen und Schüler anderer Konfession und Religion teilnehmen,[7] dass in heterogenen Kurszusammensetzungen Momente dialogischen Lernens entstehen, kann damit auch für *KathReliOnline* vermutet werden. Allerdings zeigt der Evaluationsbericht, dass in *KathReliOnline* eine Tendenz zur kognitiven Fokussierung besteht und Begegnungslernen und interkonfessionelles oder ökumenisches Arbeiten praktisch kaum anwendbar sei.[8] Hier ist auf Zukunft hin die Frage zu beantworten, wie auch im digitalen Raum Begegnungen mit authenti-

---

[5]   Vgl. Geisler, Alissa/Sajak, Clauß Peter (2024): Evaluation. S. 55.
[6]   Ebd. S. 43.
[7]   Comenius-Institut (Hg.) (2019). Evangelischer Religionsunterricht. Empirische Befunde und Perspektiven aus Baden-Württemberg, Niedersachsen und Sachsen. Münster. S. 42.44.52–59.
[8]   Vgl. Geisler, Alissa/Sajak, Clauß Peter (2024): Evaluation. S. 40.

schen Zeugnissen anderer Religionen und Konfessionen gestaltet werden können.[9] Angebote wie relithek.de, ein Multimediaportal zur (inter)religiösen Verständigung und Bildung, bieten hier Ansätze, wobei die relithek aktuell im interreligiösen Bereich stark, im interkonfessionellen dagegen schwach aufgestellt ist. Zeugnisse aus dem christlichen Bereich sind deutlich unterrepräsentiert. Hier zeigt sich, dass Entwicklungen auf der Ebene der differenzierten Formatierung des Religionsunterrichts immer auch in engem Zusammenhang mit der Entwicklung von Unterrichtsmaterial, Lernformen und letztlich auch Fortbildungsangeboten ausgebildet und bewertet werden müssen.

Zusammenfassend ist festzuhalten, dass eine Ausgestaltung des Religionsunterrichts als differenzierte Landschaft der Religionsunterrichte denkbar ist, in der konfessionelle und konfessionell-kooperative, jahrgangsbezogene und jahrgangsübergreifende, schulinterne und schulübergreifende, analoge und digitale Formen in unterschiedlichen Kombinationen als jeweils kontextbezogen angemessene Ausformungen nebeneinanderstehen. Das Konzept von *KathReliOnline* als ein konfessionelles jahrgangs- und schulübergreifendes Angebot, das im Kern digital orientiert arbeitet und punktuell auch analoge Phasen integriert, kann als ein tragfähiger Baustein einer solchen differenzierten Landschaft verstanden werden.

3. *KathReliOnline* im Horizont evangelischer Bildungsperspektiven

Es wäre vermessen, *das* evangelische Bildungsverständnis benennen zu wollen. Es lassen sich jedoch Bausteine eines solchen benennen, die evangelische Bildungsperspektiven konturieren. Diese sind offenzulegen, weil von ihnen her konzeptionelle, didaktische und methodische Entscheidungen im Bildungshandeln eingeordnet werden. Insofern sind sie relevant auch für die hier vorgelegten Beobachtungen zu *KathReliOnline*.

Bildung in evangelischem Verständnis geht es um Persönlichkeitsbildung. Sie gründet im Motiv der Gottebenbildlichkeit und des damit immer schon gegebenen unhinterfragbaren Personseins des Menschen. Zugleich legt sie den Menschen nicht auf sein So- und Jetzt-Sein fest; sie sieht ihn in der Orientierung auf die Gottebenbildlichkeit hin vielmehr immer auch in der Perspektive des Werdens und unterstützt und begleitet dieses lebenslang bleibende Subjektwerden. Damit ist jede und jeder Einzelne Ausgangspunkt und Ziel des Lernens und

---

9   Kirchenamt der EKD (Hg.) (2022). Evangelischer Religionsunterricht in der digitalen Welt. Ein Orientierungsrahmen. EKD-Texte 140. Hannover. S.38.

Lehrens. Die je eigenen Voraussetzungen und Fragen, Fähigkeiten und Perspektiven, das eigene Tempo und die individuellen Zugänge bestimmen damit den Bildungsprozess.

Zugleich gilt: Diese an der Persönlichkeit orientierte Bildung braucht die Einbindung in kommunikative und soziale Strukturen, braucht das Miteinander-Lernen. Das Individuum wird in evangelischer Perspektive „immer als Teil von Gemeinschaft gesehen und verstanden [...]. In Anknüpfung an aktuelle Bestimmungen des Subjektbegriffes kann von einem intersubjektiv konzipierten, relationalen Subjektbegriff gesprochen werden"[10]. Das paulinische Bild der Gemeinschaft als Leib bietet hier zentrale Anknüpfungspunkte: die Vorstellung, dass jede und jeder Einzelne gerade in der jeweiligen Individualität als Teil eines größeren Ganzen, als Hand, Mund, Herz oder Fuß eines Körpers verstanden wird. Jede der Gaben, die eine Person mitbringt, die jeweilige Individualität, gewinnt ihre eigentliche Stärke darin, dass sie in ein Zusammenspiel mit den Fähigkeiten und Zugängen der anderen gebracht wird. Erst in ihrer Funktion in der Gemeinschaft kann sie ihr ganzes Potential entfalten. Oder umgekehrt formuliert: Jede besondere Befähigung ist immer auch Hinweis auf eine Angewiesenheit in anderen Bereichen: „Das Auge kann nicht zur Hand sagen: Ich brauche dich nicht." (1. Kor 12,21). So gesehen braucht die Orientierung am Subjekt auch im Bildungsbereich notwendig das Miteinander – als Erfahrungs- und Kommunikationsraum, als Perspektiverweiterung, Herausforderung, Unterstützung und Korrektiv und damit als Ort der Bildung der eigenen Persönlichkeit. „Gerade die [...] Subjektorientierung und das damit verbundene zur Geltung Kommen von Verschiedenheit, die Förderung von Individualität und die Auflösung synchron getakteter Lernschritte verstärkt die Notwendigkeit, individuelle Lernprozesse und gemeinschaftliches Lernen aufeinander zu beziehen"[11].

Genau in den herausgearbeiteten beiden zentralen Perspektivaspekten eines evangelischen Bildungsverständnisses ergeben sich Verknüpfungspunkte zum Lernen in einer Kultur der Digitalität, denn die Stärke digitalisierter Bildungsformate zeigt sich in der Verknüpfung von Individualisierung und Kollaboration[12]. Potential für Individualisierung von Lernprozessen liegt in Niveau- und Lerntypen-differenzierten Materialien und Zugängen, der Entwicklung individuell nutzbarer Lernlandschaften, im selbstgesteuerten Lernen und der Verknüpfung von Asynchronität und Synchronität.[13] Zugleich ermöglicht Digitalität

---

[10]   Dechow, Jens/Lohrer, Jörg (2022): Evangelisches Bildungsverständnis und digitales Lernen. In: CI-Informationen 2022 H. 2, S. 3–4. Online verfügbar unter: https://comeni us.de/wp-content/uploads/Ci-Info-2022-2_WEB.pdf. (Zuletzt geprüft am 30.10.2023). S. 3.

[11]   Ebd.

[12]   Kirchenamt der EKD (Hg.) (2022). Evangelischer Religionsunterricht in der digitalen Welt. Ein Orientierungsrahmen. EKD-Texte 140. Hannover. S.58f.

[13]   Filk, Christian (2019). „Onlife"-Partizipation für alle! - Plädoyer für eine inklusiv-digitale Bildung. In: Burow, Olaf-Axel (Hg.) (2019): Schule digital - wie geht das? Weinheim, S. 61–81. S.66–68.

Kollaboration und Kooperation: kollaborative Text- und Präsentationserstellung, digitale Projektmanagementsysteme und Portfolios, Wikis, Tools, die Meinungsbildung in Gruppen nachvollziehbar werden lassen, sowie der Hilfe-Chat, der Fragen nicht an die einzelne Lehrkraft oder einzelne Mitschülerinnen und Mitschüler richtet, sondern das gesamte Netzwerk aktiviert und Antworten und gefundenen Lösungen zugleich nachhaltig und transparent sichert und zur Verfügung stellt.

Aus evangelischer Perspektive rückt damit in der Analyse von *KathReliOnline* die Frage in den Mittelpunkt, welche Ergebnisse die Evaluation hinsichtlich Individualisierung und Kollaboration der Lehr-Lern-Prozesse zeigt.

Individualisierung bzw. „personalisiertes Lernen"[14] ist aufgrund des hohen Anteils an eigenverantwortlichem Lernen bei *KathReliOnline* schon durch das Setting adressiert. Auch in der didaktischen Konzeption ist für die Selbstlernphasen vorgesehen, dass die Schülerinnen und Schüler „Wissen nicht nur erwerben, sondern vertiefen, sich kritisch damit auseinandersetzen und es anwenden können. Dabei sollen Schülerinnen und Schüler auch individuelle Schwerpunkte setzen, eigene Entscheidungen bei der kreativen Umsetzung von Aufgaben treffen und ihr Lerntempo selbst bestimmen".[15] Zu fragen ist, inwiefern sich dieser Anspruch in den Ergebnissen der Befragung widerspiegelt.

Ein Bewusstsein für Individualisierung der Lernprozesse ist auf Seiten der Lehrkräfte schon durch die Wahrnehmung der differenzierten Schülerinnen- und Schülerschaft gegeben, die aus verschiedenen Schulen und regionalen Kontexten kommen, was eine entsprechend differenzierte Vorbereitung der Selbstlernphasen notwendig mache: „Das muss man genau überlegen, was sinnvoll ist, was machbar ist und welche Voraussetzungen da sind".[16] Individualisierung wird in der Sicht der Lehrkräfte gewährleistet durch die freie Wahl von Ort und Zeit in den Selbstlernphasen und durch die zunächst intensive selbstgesteuerte Beschäftigung mit Themen und Aufgaben durch das *Blended Learning*-Format.[17] Auch die Schülerinnen und Schüler wertschätzen besonders die Flexibilität in Bezug auf Zeit und Ort[18] und bestätigen zu zwei Dritteln, dass die Form der eigenständigen Arbeit Spaß mache.[19]

Zugleich werden Grenzen der Umsetzung sichtbar: Der Eindruck von Lehrkräften, eine lehrplankonforme Steuerung von Lernprozessen auch im selbstverantworteten Lernen vornehmen zu müssen, sowie der Einsatz interaktiver digitaler Materialien etwa über H5P, in denen Nutzungsabläufe vorkonfiguriert

---

[14]   Rolff, Hans-Günter/Tünken, Ulrich (2020): Digital gestütztes Lernen. Praxisbeispiele für eine zeitgemäße Schulentwicklung. Weinheim. S. 64–67.

[15]   Geisler, Alissa/Sajak, Clauß Peter (2024): Evaluation. S. 54.

[16]   Ebd. S. 41.

[17]   Vgl. ebd. S. 40.

[18]   Vgl. ebd. S. 44.

[19]   Vgl. ebd. S. 46.

werden, stellen Unterrichtsformate wie *KathReliOnline* vor die Gefahr, Lernsettings sehr kleinschrittig anzulegen. Individuelles, selbstbestimmtes Lernen erfordert jedoch offene Aufgabenformate, eine individuelle Lernweggestaltung in differenzierten Lernlandschaften und eine selbstbestimmte, dem Lerntyp angemessene Entscheidung zur Verwendung von themenerschließenden Medien und Materialien. Dass hier eine spezifische Herausforderung liegt, spiegelt explizit die Aussage einer Lehrkraft, dass es ein Schwerpunkt sei „zu gucken, dass es nicht zu kleinschrittig wird in der Bearbeitung, sondern dass tatsächlich eine lernförderliche Aufgabenstellung gefunden wird".[20] *KathReliOnline* zeigt – etwa im Hinweis auf die Defizite bezüglich vorhandener Materialien[21] und die Notwendigkeit, kooperativ durch die beteiligten Lehrkräfte passgenaue Materialien zu erarbeiten[22] – dass für wirklich individualisierte Lernmodelle im digitalen Raum noch Entwicklungsarbeit zu leisten ist.

In Bezug auf kollaboratives Lernen bringt die Konzeption von *KathReliOnline* einen klaren Selbstanspruch mit: „Sie prägt neue Formen von Kommunikation und Kollaboration, bemüht sich um Beziehungsgestaltung (auch) im digitalen Raum".[23] Auch hier ist ein genauer Blick auf die Befragungsergebnisse notwendig.

Eine aktive Beteiligung bei den Videokonferenzen ist auf Seiten der Schülerinnen und Schüler ganz überwiegend gegeben; nur eine Person führt an, sich nicht regelmäßig einzubringen.[24] Diese Form der synchronen Zusammenarbeit scheint nicht dazu zu führen, dass Mit- und Zusammenarbeit eingeschränkt wird. Die Lehrkräfte nehmen „einen intensiven, sehr nahen Austausch mit den Schülerinnen und Schülern" wahr.[25] Auch auf Schülerinnen- und Schülerseite schätzen 14 der Befragten die Zusammenarbeit mit Mitschülerinnen und Mitschülern im digitalen Raum als gut bis sehr gut ein; negative Einschätzungen diesbezüglich kommen überhaupt nicht vor.[26] Auch wenn über diese Items klar definiertes kooperatives Arbeiten nicht direkt abgefragt wird, lässt sich schließen, dass Zusammenarbeit gegeben ist und als gut eingeschätzt wird.

Kollaboration als zentrale Dimension einer zukunftsorientierten Lernkultur[27] bedeutet jedoch mehr als zu kooperieren. Intendiert ist ein Lernsetting, in

---

20   Ebd. S. 37.
21   Vgl. ebd.
22   Vgl. ebd. S. 42.
23   Ebd. S. 52.
24   Vgl. ebd. S. 47.
25   Ebd. S. 40.
26   Ebd. S. 49.
27   Kultusministerkonferenz (KMK) (2021): Lehren und Lernen in der digitalen Welt. Ergänzung zur Strategie der Kultusministerkonferenz „Bildung in der digitalen Welt". Online verfügbar unter: https://www.kmk.org/fileadmin/Dateien/veroeffentlichungen_beschluesse/2021/2021_12_09-Lehren-und-Lernen-Digi.pdf. (Zuletzt geprüft am 01.11.2023). S. 11.

dem eine Lösung in einen ko-konstruktiven Prozess ausschließlich durch Interaktion und Zusammenarbeit erreicht werden kann.[28] Damit verbindet sich, dass es zwischen den Schülerinnen und Schülern einen kontinuierlichen Austausch über die Produktentwicklung geben muss und die Konfiguration aller Teilbeiträge nur im Modus wechselseitiger Bezugnahme entstehen kann. Hinsichtlich der Befragung sind deshalb die Einschätzungen der Schülerinnen und Schüler bezüglich Peer-Rückmeldungen zu Lernprodukten von Bedeutung: „6 Schülerinnen und Schüler stimmen der Aussage zu, dass sie regelmäßig Rückmeldungen zu ihren Lernprodukten von den Mitschülerinnen und -schülern erhalten. 7 stimmen nicht zu (davon 5 überhaupt nicht)".[29] Zudem gibt es nur bei einem einzigen der Befragten den Wunsch nach ausführlicheren Rückmeldungen. Das zeigt, dass nicht nur ein Fehlen von Peer-Rückmeldungen zu konstatieren ist, sondern dieses Fehlen zudem nicht als Defizit empfunden wird. Darin liegt zumindest ein Hinweis, dass die Idee und die Praxis kollaborativen Arbeitens auf Seiten der Schülerinnen und Schüler in *KathReliOnline* (noch) nicht reflektiert verankert ist.

Insgesamt kann festgehalten werden, dass die aus evangelischer Bildungsperspektive zentralen Aspekte von Individualisierung und Kollaboration in einer Kultur der Digitalität im Selbstverständnis und in der Grundanlage von *KathReliOnline* gegeben sind, zugleich Entwicklungsbedarfe erkennbar werden und diesbezüglich auch die Instrumente der Evaluation zu schärfen sind.

4. *KathReliOnline* im Kontext schulorganisatorischer Herausforderungen

Zwei schulorganisatorische Herausforderungen sollen abschließend in den Blick genommen und auf Erfahrungen aus *KathReliOnline* bezogen werden:

Zum einen wirkt sich zunehmend ein Lehrkräftemangel aus, den die KMK bis 2025 mit 25.000 fehlende Fachkräfte beziffert; andere Untersuchungen sehen zu diesem Zeitpunkt sogar ein Negativsaldo von 85.000 Lehrerinnen und Lehrern. „Der Mangel bedroht die Sicherstellung der Unterrichtsversorgung und beeinträchtigt auch die Qualität des Unterrichts."[30] Zum anderen darf die Bedeutung eines differenzierten Kursangebotes besonders in der Oberstufe, auf dem

[28] Bornemann, Stefan (Hg.) (2011): Kooperation und Kollaboration. Das Kreative Feld als Weg zu innovativer Teamarbeit. Wiesbaden. S. 77.

[29] Geisler, Alissa/Sajak, Clauß Peter (2024): Evaluation. S. 48.

[30] Ständige Wissenschaftliche Kommission der Kultusministerkonferenz (SWK) (2023): Empfehlungen zum Umgang mit dem akuten Lehrkräftemangel. Stellungnahme der Ständigen Wissenschaftlichen Kommission der Kultusministerkonferenz (SWK). Online verfügbar unter: http://dx.doi.org/10.25656/01:26372. (Zuletzt geprüft am 02.11.2023). S. 6.

Hintergrund der Ausdifferenzierung von Wissen und Professionen einerseits und Individualisierung von Berufsbiografien andererseits, nicht unterschätzt werden. Nicht an allen Orten lässt sich diesem Anspruch schulorganisatorisch gerecht werden – einerseits aufgrund der Zahl der einsetzbaren Fachlehrerinnen und -lehrern, andererseits aufgrund des Nichterreichens von Mindestzahlen von Schülerinnen und Schülern, die für das Zustandekommen etwa eines Leistungskurses erreicht werden müssen. So wurde in Sachsen im Schuljahr 2023/24 eine „Pilotstudie zur Durchführung von Hybridunterricht – parallele Durchführung von Kursen an mehreren Schulen durch Kopplung von Präsenz- und Fernunterricht via Liveübertragungen an andere Schulstandorte" auf den Weg gebracht, um neue Möglichkeiten zu erproben, auch im ländlichen Raum ein breites Bildungsangebot vorzuhalten.[31]

Bezüglich der damit skizzierten grundlegenden Herausforderungen könnte *KathReliOnline* erste Hinweise darauf geben, inwiefern schulübergreifende hybrid-kooperative Kursangebote Lösungsansätze bieten.

In der Befragung der Lehrkräfte wird der „unerwartet hohe Aufwand"[32] benannt, der sich u. a. aus der heterogenen, aus verschiedenen Schulen stammenden Lerngruppe und deren verschiedenen Lernvoraussetzungen ergibt.[33] Das Vordenken und Planen der Selbstlernphasen und die darauf bezogene passgenaue Gestaltung der Präsenzphasen sei mit hohem Vorbereitungsaufwand verbunden, sodass formuliert wird, „mit zwei Stunden in der Schule käme man besser weg".[34] Als ‚Sparmodell' und quantitativ effektiveren Lehrkräfteeinsatz wird man hybrid-kooperativen Unterricht auf dem Hintergrund dieser Erfahrungen nicht einordnen können.

Als Differenzierungsmodell sollte es jedoch weiter erprobt, wissenschaftlich untersucht und weiterentwickelt werden. Dafür spricht, dass der benannte hohe Aufwand anhand zweier Ergebnisse der Evaluation von *KathReliOnline* ergänzend eingeordnet werden muss: Zum einen scheint aus Schülerinnen- und Schülersicht die Begleitung und Hilfestellung, die von den Lehrkräften geleistet wurden, überwiegend passgenau gewesen zu sein. Nur zwei Schülerinnen oder Schüler wünschen sich stärkere Unterstützung durch die Lehrkräfte.[35] Ein höheres Engagement der Lehrkräfte wird also von dem größten Teil der Schülerinnen und Schüler als nicht notwendig gesehen. Zum anderen weisen die Lehrkräfte darauf hin, dass ein zentraler Aspekt des höheren Aufwands in der ungewohnten Form

---

[31]   Vgl. Reelfs, Dirk (2022): Pilotstudie in Ostsachsen: Drei Gymnasien erproben Hybridunterricht. Online verfügbar unter: https://www.bildung.sachsen.de/blog/index.php/2022/11/22/pilotstudie-in-ostsachsen-drei-gymnasien-erproben-hybridunterricht/. (Zuletzt geprüft am 31.10.2023).

[32]   Geisler, Alissa/Sajak, Clauß Peter (2024): Evaluation. S. 35.

[33]   Vgl. ebd. S. 41.

[34]   Ebd. S. 36.

[35]   Vgl. ebd. S. 46.

des Unterrichtens und in dem Mangel an zur Unterrichtsform passendem Unterrichtsmaterial liege. Der Vorschlag, gemeinsam „geeignete Texte und Materialien zu sammeln, um Einarbeitung und Recherche zu vereinfachen"[36], weist in diese Richtung. Je länger Formen des hybrid-kooperativen Unterrichtens implementiert sind, desto stärker wird dieser Aspekt in den Hintergrund treten. Das deutet sich in der Befragung explizit in der Äußerung einer Lehrkraft bezüglich zunehmender Routinen an.[37]

Nimmt man die positive Gesamteinschätzung von *KathReliOnline* sowohl von Seiten der Lehrkräfte als auch von Seiten der Schülerinnen und Schüler hinzu, zeigt sich diese Unterrichtsform in Bezug auf einen differenzierten schulübergreifenden Lehrkräfteeinsatz, der wechselseitig einen jeweiligen Mangel hinsichtlich der Zahl an Fachlehrerinnen und -lehrern oder einer für Kursangebote ausreichenden Zahl von Schülerinnen und Schülern kompensiert, als tragfähig. Darin liegt, auch angesichts möglicher Entwicklungen der Schülerinnen- und Schüleranzahl im Evangelischen Religionsunterricht sowie für die Konfiguration konfessioneller Angebote weiterer Religionsgemeinschaften, ein wichtiger Hinweis.

Eine Kompensation in der Hinsicht, dass mit einer einzelnen Lehrkraft eine größere Zahl an Schülerinnen und Schülern durch hybrid-kooperative Formen unterrichtet werden kann als im klassischen Unterricht, ist durch den in der Befragung angezeigten Aufwand besonders angesichts der notwendigen individuellen Begleitung und einer konzeptentsprechenden Feedbackkultur nicht angezeigt. Dieses Ergebnis wird auch im Bereich der Evangelischen Schulen, bezüglich derer im Netzwerk schule-evangelisch-digital.de über die Entwicklung schulübergreifender hybrid-kooperativer Kursangebote nachgedacht wird, zu berücksichtigen sein.

5. Fazit

Die Verknüpfung der Evaluationsergebnisse zu *KathReliOnline* mit religionspädagogischen und kirchenpolitischen Diskursen, die (auch) im evangelischen Bereich eine Rolle spielen, vermittelt Einblicke in die Relevanz des Projekts über den Katholischen Religionsunterricht hinaus. Herauszuheben ist seine Bedeutung im Rahmen der Entwicklung einer umfassenden Strategie der Bildung in einer digitalen Welt. Zwar ist das Sample der Evaluation von *KathReliOnline* zu klein, um daraus fundierte Ableitungen bilden zu können. Jedoch bietet es in einer vernetzten Betrachtung von Projekten digital gestützten Unterrichtens und wissenschaftlicher Begleitforschung einen wichtigen Beitrag zu Grundfragen in

---

36   Vgl. ebd. S. 42
37   Vgl. ebd. S. 35.

der Entwicklung digitalen Lernens und Lehrens und sollte so sowohl weiter verfolgt als auch kontinuierlich empirisch beforscht werden. Das gilt insbesondere auf dem Hintergrund der Tatsache, dass mit dem Religionsunterricht ein Fach im Fokus ist, dessen Bezug auf die Lebenswirklichkeit der Schülerinnen und Schüler, auf dialogische Settings, auf außerschulische Bezüge sowie auf emotionale Dimensionen und performative Zugänge von besonderer Bedeutung ist und diesbezüglich spezifische Erkenntnisse für digitale Unterrichtskonfigurationen generiert.

Literatur

Bornemann, Stefan (Hg.) (2011): Kooperation und Kollaboration. Das Kreative Feld als Weg zu innovativer Teamarbeit. Wiesbaden.

Comenius-Institut (Hg.) (2019). Evangelischer Religionsunterricht. Empirische Befunde und Perspektiven aus Baden-Württemberg, Niedersachsen und Sachsen. Münster.

Dechow, Jens/Lohrer, Jörg (2022): Evangelisches Bildungsverständnis und digitales Lernen. In: CI-Informationen 2022 H. 2, S. 3–4. Online verfügbar unter: https://comenius.de/wp-content/uploads/Ci-Info-2022-2_WEB.pdf. (Zuletzt geprüft am 30.10.2023).

Fermor, Gotthard/Knauth, Thorsten/Möller, Rainer/Obermann, Andreas (2022): Dialog und Transformation. Auf dem Weg zu einer pluralistischen Religionspädagogik — Eine Einführung. In: Fermor, Gotthard/Knauth, Thorsten/Möller, Rainer/Obermann, Aandreas (Hg.) (2022): Dialog und Transformation: Pluralistische Religionspädagogik im Diskurs. Münster, S. 11–73.

Filk, Christian (2019). „Onlife"-Partizipation für alle! - Plädoyer für eine inklusiv-digitale Bildung. In: Burow, Olaf-Axel (Hg.) (2019): Schule digital - wie geht das? Weinheim, S.61–81.

Geisler, Alissa/Sajak, Clauß Peter (2024): Das Projekt KathReliOnline. Eine religionspädagogische Evaluation. In diesem Band, S. 29–63.

Kirchenamt der EKD (Hg.) (2022). Evangelischer Religionsunterricht in der digitalen Welt. Ein Orientierungsrahmen. EKD-Texte 140. Hannover. Online verfügbar unter: https://www.ekd.de/ekd_de/ds_doc/ekd-texte_140_2022.pdf. (Zuletzt geprüft am 03.11.2023).

Kultusministerkonferenz (KMK) (2021): Lehren und Lernen in der digitalen Welt. Ergänzung zur Strategie der Kultusministerkonferenz „Bildung in der digitalen Welt". Online verfügbar unter: https://www.kmk.org/fileadmin/Dateien/veroeffentlichungen_beschluesse/2021/2021_12_09-Lehren-und-Lernen-Digi.pdf. (Zuletzt geprüft am 01.11.2023).

Positionspapier: Damit der Religionsunterricht in Deutschland zukunftsfähig bleibt (2016). Online verfügbar unter: https://comenius.de/wp-content/uploads/2017/03/Positionspapier_zukunftsfaehiger-RU_ Unterschriften_Stand_2016_12_16.pdf. (Zuletzt geprüft am 03.11.2023).

Reelfs, Dirk (2022): Pilotstudie in Ostsachsen: Drei Gymnasien erproben Hybridunterricht. Online verfügbar unter: https://www.bildung.sachsen.de/blog/index.php/2022/11/22/pilotstudie-in-ostsachsen-drei-gymnasien-erproben-hybridunterricht/. (Zuletzt geprüft am 31.10.2023).

Rolff, Hans-Günter/Tünken, Ulrich (2020): Digital gestütztes Lernen. Praxisbeispiele für eine zeitgemäße Schulentwicklung. Weinheim.

Sekretariat der Ständigen Konferenz der Kultusminister der Länder in der Bundesrepublik Deutschland (Hg.) (2022): Lehrkräfteeinstellungsbedarf und -angebot in der Bundesrepublik Deutschland 2021–2035. Zusammengefasste Modellrechnungen der Länder. Statistische Veröffentlichungen der Kultusministerkonferenz, Dokumentation Nr. 233. S. 12. Online verfügbar unter: https://www.kmk.org/fileadmin/Dateien/pdf/Statistik/Dokumentationen/Dok_233_Bericht_LEB_LEA_2021.pdf. (Zuletzt geprüft am 02.11.2023).

Ständige Wissenschaftliche Kommission der Kultusministerkonferenz (SWK) (2023): Empfehlungen zum Umgang mit dem akuten Lehrkräftemangel. Stellungnahme der Ständigen Wissenschaftlichen Kommission der Kultusministerkonferenz (SWK). Online verfügbar unter: http://dx.doi.org/10.25656/01:26372. (Zuletzt geprüft am 02.11.2023).

KathReliOnline als proof of concept
Herausforderungen der Projektentwicklung für einen Religionsunterricht in der „digitalen Welt"

Matthias Cameran

Es ist schon erstaunlich, wenn man sich vergewissert, dass zwischen der Veröffentlichung des in Sachen UX/UI Designs für Privatanwender wegweisenden Betriebssystems „Windows 95" und dem aktuellen Aufsehen um GenAI Anwendungen, wie large language model Chatbots (z. B. „ChatGPT") oder text-to-image Generatoren (z. B. „Midjourney") keine drei Jahrzehnte liegen. Dieser rasenden, technischen Entwicklung, die fast jeden Lebensbereich unserer Gesellschaft betrifft, konnte und kann die Praxis des Schulunterrichts – aus vielen Gründen, die hier nicht weiter vertieft werden sollen – nicht Schritt halten. Will Schulunterricht und allem voran der Religionsunterricht seinem Anspruch der Lebensweltorientierung gerecht werden, stellt eine Kapitulation angesichts einer sich stetig wandelnden „digitalen Welt" keine Option dar. Vielmehr braucht es – neben der (religions)pädagogischen und bildungstheoretischen Befassung – (Pilot)Projekte in der Praxis, die selbst zum Lernobjekt werden, um „Potentiale digitalen Lehrens und Lernens für das Fach Katholische Religionslehre und damit für religiöse Lern- und Bildungsprozesse"[1] zu heben und in einer wissenschaftlichen Evaluation offene Arbeitsfelder und Desiderate zu identifizieren. Das Projekt *KathReliOnline* ist bereits in der Perspektive zu würdigen, erste Schritte einer längeren Praxiserprobung unternommen zu haben und die gewonnene Erfahrung systematisch zu erfassen. Hierbei lassen sich anhand der Evaluation und sich veränderten Vorzeichen bereits zahlreiche Herausforderungen ableiten, die es bei der Umsetzung zukünftiger Projekte auch außerhalb Thüringens und einer etwaigen Weiterentwicklung von *KathReliOnline* zu bedenken gilt.

---

[1]   Geisler, Alissa/Sajak, Clauß Peter (2024): Das Projekt KathReliOnline. Eine religionspädagogische Evaluation. In diesem Band, S. 29–63. S 29.

1. Schulorganisatorische Perspektive

In seiner Konzeption reagiert das Projekt *KathReliOnline* auf die Diasporasituation des konfessionellen Religionsunterrichts in Thüringen.[2] Die Umfrage macht dahingehend auch deutlich, dass die notwendige Voraussetzung für eine erfolgreiche Durchführung jedoch eine engagierte personelle Begleitung der Präsenzphasen durch Fachlehrkräfte darstellt.[3] Aufgrund seiner Anlage kann das Projekt *KathReliOnline* damit nicht die mangelnde Unterrichtsversorgung durch qualifizierte Lehrkräfte berücksichtigen, wie sie sich regional (bspw. in Hessen) bereits abzuzeichnen beginnt. Ob und inwieweit diese Entwicklung die Weiterführung des Projekts in Thüringen berührt, muss an dieser Stelle offenbleiben; für die Entwicklung von anderen Projekten und den etwaigen Transfer von *KathReliOnline* in andere Regionen ist dies jedoch ein bedenkenswertes Vorzeichen, das es zu berücksichtigen gilt.

Eine weitere Herausforderung für die Projektentwicklung stellen neue Organisationsformen dar, wie der konfessionell-kooperativ erteilte Religionsunterricht, welcher in unterschiedlichen Konfigurationen in Thüringen und anderen Bundesländern in der Praxis umgesetzt wird. Projekten, die Lehr- und Lernarrangements des Religionsunterrichts ins Digitale verlegen oder selbst als digitale Ressource für die Unterrichtsgestaltung dienen, obliegt es die neuen Formen in der jeweiligen landesspezifischen Ausgestaltung zu berücksichtigen, um anschlussfähig an die Praxis des Religionsunterrichts zu sein. Eine Adaption von *KathReliOnline* für diesen Einsatzbereich würde jedenfalls dem in der Studie geäußerten Wunsch nach einer stärkeren ökumenischen Ausrichtung entsprechen.[4]

2. Personenbezogene Perspektive

Dass die digitale Transformation von (Bildungs-)Prozessen den Erwerb von neuen Kompetenzen voraussetzt und eine erhöhte Arbeitsbelastung nach sich zieht, ist eine Binsenweisheit, die sich in der Evaluation des Projekts *KathReliOnline* bestätigt.[5] Die Gründe hierfür sind vielfältig, einige werden von Lehrkräften explizit genannt, weitere schwingen implizit mit. Für die (Weiter-)Entwicklung gilt es die Ursachen, welche zur Mehrbelastung geführt haben, zu identifizieren

[2] Vgl. ebd. 29.
[3] Vgl. ebd. S 35ff.
[4] Vgl. ebd. S. 42.
[5] Vgl. ebd. S. 35.

und im Rahmen des Möglichen zu adressieren. Dies erscheint alleine daraus geboten, dass die Bereitschaft der Lehrkräfte zur Teilnahme an *KathReliOnline* mittelfristig nur dann beibehalten werden kann, wenn das Verhältnis von Arbeitsaufwand und Ergebnis in einem je individuell unterschiedlichen Maß angemessen erscheint. Der Faktor erscheint umso entscheidender für das Projekt, als dass davon auszugehen ist, dass an der Erprobungsphase von *KathReliOnline* Lehrkräfte teilgenommen haben, die bereits in einem überdurchschnittlichen Umfang motiviert waren und dem Einsatz digitaler Werkzeuge zumindest nicht reserviert gegenüberstanden. Es würde demnach unter den in der Evaluation skizzierten Vorzeichen umso schwerer sein, Lehrkräfte vom *Blended Learning*-Format zu überzeugen. Daher fällt der im Fazit identifizierten Voraussetzung für die Überführung von *KathReliOnline* in den dauerhaften Regelbetrieb ein besonderes Gewicht zu: „Um den Unterricht im Rahmen von *KathReliOnline* dauerhaft erhalten zu können, muss nun der Arbeitsaufwand der Lehrkräfte durch gesteigerte Effektivität" und „zunehmenden Austausch reduziert werden."[6]

Um eine Entlastung der Lehrkräfte zu ermöglichen, betont die Evaluation die Notwendigkeit der Vernetzung aller beteiligten Lehrkräfte. Sie sollten in der Lage sein, im ständigen Austausch stehend, Materialien zu teilen und sich gegenseitig Empfehlungen zu „hilfreichen Tools und Fortbildungen" weiterzugeben.[7] Es ist zu fragen, ob die Schulcloud, in deren Umgebung das Projekt durchgeführt wurde, diese Funktion nicht längst bereitstellt und inwieweit diese tatsächlich zu einer faktischen Entlastung der Lehrkräfte führt. Dafür spricht eindeutig, dass Materialien und Medien für den Einsatz in den entsprechenden Phasen in digitaler Form vorliegen und somit ohne größeren Aufwand geteilt werden könnten. Ein Blick auf Plattformen, die Lehrkräften das Teilen von Unterrichtsmaterial ermöglichen, ist jedoch ernüchternd. Der Umfang der von Lehrkräften erstellten Materialien für den katholischen Religionsunterricht ist zurzeit auf Schulplattformen der Länder und der kommerziellen Anbieter (bspw. „fobizz") recht überschaubar. Über die Gründe können an dieser Stelle nur Vermutungen angestellt werden. Ist das Teilen auf Plattformen mit zu vielen Voraussetzungen verbunden? Ist es der Mehraufwand, Unterrichtseinheiten und Materialien publikationswürdig anderen Kolleginnen und Kollegen bereitzustellen? Fehlt es an einer entsprechenden Kultur des Teilens im digitalen Raum über das eigene Kollegium hinaus? Oder fehlt es Lehrkräften an den notwendigen digitalen Kompetenzen? Jedenfalls sollten meines Erachtens nicht zu große Hoffnungen daraufgelegt werden, dass allein eine Ermöglichung der Vernetzung von Lehrkräften von sich aus direkt zu einer merklichen Entlastung führt, obgleich sie tatsächlich einen notwendigen Aspekt für die Zukunft darstellt. Um das Potential der Vernetzung für das Projekt nutzbar zu machen, müssen Lehrkräfte in die Lage versetzt werden, diese für sich zu erschließen und als

---

6   Ebd. S. 60.
7   Vgl. ebd. S. 61.

Ressource wahrzunehmen. Eine Voraussetzung ist recht banal: das Erschließen der Plattform inhärenten Workflows, Möglichkeiten und Funktionen, die Erstellung von Material, das Teilen von Informationen und die Pflege der Kommunikationskanäle erzeugen einen zusätzlichen Workload, den es zu berücksichtigen gilt. Eine Begleitung der Lehrkräfte und das Nutzen von externen Ressourcen könnten die Effekte abmildern. So bietet das ökumenisch verantwortete Projekt „relilab" zahlreiche Fortbildungsmöglichkeiten zum Lehren und Lernen im Digitalen, von denen im Rahmen des Projekts Gebrauch gemacht werden kann. Dass „relilab" ebenfalls mit einem Angebot zur Vernetzung daherkommt, kann entweder als gewinnbringende Ressource oder als Teil des eingangs geschilderten Problems wahrgenommen werden. Die meisten Plattformen bieten mitunter zahlreiche Funktionen zur Vernetzung und Kommunikationskanäle, was für die meisten Nutzerinnen und Nutzer zu unübersichtlichen Verhältnissen führt, in denen neue Möglichkeiten häufig als hinderlich und verwirrend empfunden werden, da persönliche Arbeitsweisen und Gewohnheiten adaptiert werden müssen. Dies ist ein Grund, wieso sich das institutionell erwünschte Kommunikationshandeln von dem in der Praxis unterscheidet: Lehrkräfte nutzen WhatsApp-Gruppen statt die Vernetzungsangebote von Fachportalen. Diesem prinzipiellen Phänomen – man bedenke die Vielzahl der Messenger-Apps und die daraus erfolgte Selbstbescheidung im Nutzungsverhalten – sollte in der Ausgestaltung der Vernetzung von Lehrkräften im Zuge von *KathReliOnline* Beachtung geschenkt werden.

3.   Inhaltliche Perspektive

Ein Grund für den hohen Arbeitsaufwand stellt das Fehlen von geeigneten Unterrichtsmaterialien dar. Das Angebot eines Verlags wird zwar lobend erwähnt, bietet in der Einschätzung der Lehrkraft jedoch nur eine grundlegende Materialauswahl.[8] Als Empfehlung schlagen die Lehrerinnen vor, eine Sammlung geeigneter „Texte und Materialien" zu erstellen, welche die „Einarbeitung und Recherche" vereinfachen.[9] Meines Erachtens hätte dieser Aspekt aufgrund seines Stellenwerts für die Lehrkräfte in die abschließenden religionspädagogischen Perspektiven des Evaluationsberichts mit aufgenommen werden müssen. Letztlich hängt auch der Erfolg einer geplanten Vernetzung der Lehrkräfte in gewissem Maße davon ab, dass es faktisch vorhandenes Praxismaterial gibt, das die Lehrkräfte untereinander teilen können.

Ein Rückgriff auf das Medienangebot der Mediothek des Thüringer Schulportals wurde in der Umfrage nicht genannt. Es ist zu vermuten, dass sich das

---

[8]   Vgl. ebd. S. 37.
[9]   Vgl. ebd. S. 42.

Angebot als wenig hilfreich herausstellte. Anhand des öffentlich zugänglichen Medienangebots lassen sich hierfür Gründe ableiten. Mit weniger als 300 öffentlich zugänglichen Medien im Sachgebiet „Religion" bietet die Datenbank wenig Auswahl. Selbst, wenn das intern nutzbare Angebot deutlich umfangreicher sein sollte, sind die Medien weder detailliert nach Zielgruppen noch anhand der Lehrplansystematik erschlossen. Für die Medienrecherche eines eng am Lehrplan orientierten Unterrichts stellt dies jedoch ein zentrales Kriterium für die Benutzerfreundlichkeit einer Plattform dar. Dieses Defizit teilt die Mediothek mit anderen, weitaus umfangreicheren Materialdatenbanken für den Religionsunterricht. Eine Ausnahme stellt das Projekt „ru-digital" dar, das neben den gängigen Metadaten, didaktisch-methodischer Hinweise auch eine Zuordnung von Praxismaterial zu den Themenfeldern der Lehrpläne bietet. Aufgrund der subsidiären Struktur des Projekts, an dem noch keine in Thüringen ansässige Diözese teilnimmt, wurden die Lehrpläne des Landes Thüringen noch nicht erschlossen.

Um dem eingangs erwähnten Mangel an digital vorgehaltenen Materialien zu begegnen, ist bei der Weiterführung von *KathReliOnline* zu überlegen, ob es neben einer Lehrplanzuordnung von Medien eine für das Projekt adaptierte Systematik geben sollte, die neben der inhaltlichen Ebene auch unterrichtsorganisatorische Aspekte inkludiert. So könnte es beispielsweise für die Lehrkräfte hilfreich sein, im Rahmen einer didaktisch-methodischen Erschließung Hinweise über den Einsatz in den unterschiedlichen Phasen des *Blended Learning* Konzepts zu erhalten. Ebenfalls denkbar ist die Erstellung einer Wissensdatenbank, die als Sammlung von Erfahrungen und Expertisen der Nutzerinnen und Nutzer in der Durchführung von *KathReliOnline* dient und ein weiteres Unterstützungsangebot darstellt. Das systematische Sichern und Erschließen von Wissen ist von besonderer Relevanz, da in digital und dezentral durchgeführten Projekten Wissen generiert wird, das aufgrund der temporären und wechselnden Teilnahme von Lehrkräften Gefahr läuft, verloren zu gehen. Um jedoch die tatsächlichen Anforderungen zu identifizieren, bedarf es einer aus Sicht der Nutzerinnen und Nutzer erstellten, detaillierten Bedarfsanalyse. Nur so kann gewährleistet werden, ein für die Nutzerinnen und Nutzer als hilfreich empfundenes Medien- und Unterstützungsangebot bereitzustellen, das zu einer tatsächlichen Reduzierung des Workloads führt.

4.   Technische Perspektive

Der letztgenannte Punkt verweist auf ein Desiderat, dessen Adressierung hilfreich für eine zukünftige Steuerung der Weiterentwicklung von *KathReliOnline* sein wird. Zwar liegt mit der vorliegenden Veröffentlichung die Dokumentation einer wissenschaftlich religionspädagogischen Begleitung vor, jedoch fehlt es an einem tieferen Verständnis vom Einfluss der technischen Rahmenbedingungen auf die Durchführung des Projekts. Die Ergebnisse der Umfrage verweisen auf eine prinzipielle Zufriedenheit der Lehrkräfte mit der Hardwareausstattung und auf die unausweichlichen Probleme zuverlässiger Internetanbindungen von Schulen. Derweil äußert nur eine Lehrkraft Verbesserungspotential in Bezug auf das Kursmanagement innerhalb der Schulcloud.[10] An dieser Stelle gilt es weiter nachzufragen. Die geäußerte Einschätzung des Zufriedenseins mit der technischen Ausstattung resultiert vermutlich aus einer von den Befragten gezogenen Bilanz, die sich aus Vorerfahrungen und Gewohnheiten speist. In anderen Worten, Lehrkräfte wissen um instabiles Internet an ihrer Schule oder die funktionalen Grenzen der Schulcloud und haben diese Rahmenbedingungen mit der Teilnahme am Projekt akzeptiert. In der persönlichen Bilanz fallen diese Einschränkungen womöglich weniger ins Gewicht, da diese Teil des eigenen Erwartungshorizonts waren. Wenn eine Lehrkraft schildert, dass Schülerinnen und Schüler „souverän" mit den technischen Herausforderungen umgegangen seien, lässt sich vermuten, dass sie diesen nicht zum ersten Mal begegnet sind. Ähnlich verhält es sich mit Gewöhnungseffekten im Gebrauch von Anwendungen (user adaption) und somit auch der Schulcloud, die – davon ist auszugehen – von Lehrkräften bereits im Vorfeld genutzt wurde. Die Gewöhnung führt in der Regel dazu, dass beispielsweise unzulänglicher Funktionsumfang oder als umständlich empfundene Bedienung (usability Probleme) von Nutzerinnen und Nutzern hingenommen werden. Hieraus resultieren bewusste und unbewusste Mehrbelastungen, die zum Beispiel in Form von individuellen Strategien zur Bewältigung der Einschränkungen (Workarounds) führen.

Für eine Weiterentwicklung des Projekts, die auch eine Reduzierung der Arbeitslast der Lehrkräfte zum Ziel hat, bedarf es demnach einer gezielten Untersuchung der User Experience und Usability. Da das Projekt *KathReliOnline* auf der Schulcloud Thüringen durchgeführt wird, kann eine solche nur in der Zusammenschau durchgeführt werden. Bisherige (Begleit-)Forschung zu den Derivaten der HPI Schuld-Cloud (heute dBildungscloud), zu der auch die Schulcloud Thüringen gehört, fand unter bildungswissenschaftlicher Perspektive statt.[11] Ein Untersuchungsdesign, das den Standards der User Experience Research entspricht, könnte zusätzlich weitere Potentiale zur Optimierung offenlegen.

---

[10]   Vgl. ebd. S. 36.

[11]   Beispielsweise, die durch das Hasso Plattner Institut finanzierte, wissenschaftliche Begleitung an der Universität Tübingen (https://uni-tuebingen.de/fakultaeten/wirtschafts-und-sozialwissenschaftliche-fakultaet/faecher/fachbereich-sozialwissenschaften/erziehungswissenschaft/abteilungen/schulpaedagogik/forschung/forschungsprojekte/begleitforschung-schul-cloud/) oder im Rahmen der Masterarbeit „Brandenburgische Schulen in Wolken" von Nico Klausner, eingereicht an der Universität Potsdam (https://www.uni-potsdam.de/fileadmin/projects/erziehungswissenschaftliche-bildungsforschung/Dokumente/Masterarbeit_Klausner_786032.pdf).

5.   Ausblick

Anhand des Projekts *KathReliOnline* können zahlreiche Herausforderungen für die Projektentwicklung für den (katholischen) Religionsunterricht in der „digitalen Welt" abgeleitet werden. Die Stärke liegt im Angebot einer am konkreten Anwendungsfall – die Sicherstellung des konfessionellen Religionsunterrichts in einer Diasporasituation – orientierten Lösung, sieht sich aber gleichsam der Anfrage ausgesetzt, ob für eine Weiterführung des Projekts die eingesetzten institutionellen Mittel und das persönliche Bemühen der Lehrkräfte im Verhältnis zum Ertrag stehen – diese Frage ist angesichts der perspektivisch rückläufigen Ressourcen und Bedarfe umso virulenter. Ferner laufen spezialisierte Projekte Gefahr, dass es sich um Insellösungen handelt. Sie befinden sich stets in einem Spannungsfeld von dezidierter Anwendungsorientierung und Anschlussfähigkeit an sich verändernde Vorzeichen (Verhältnis zur konfessionellen Kooperation im Religionsunterricht) beziehungsweise der Übertragbarkeit auf weitere Kontexte (Ist *KathReliOnline* ein Projekt, das sich auch in anderen Bundesländern als tragfähig erweist?). Beide Punkte sind miteinander verwoben und stellen bedeutsame Aspekte für die Zukunftssicherung des Projekts dar, die meines Erachtens darüber hinaus von der Einbindung externer Ressourcen in die Projektplanung abhängt. So können Projekte, wie „relilab" oder „ru-digital" einen für *KathReliOnline* wertvollen Beitrag leisten, indem sie das Projekt in den oben skizzierten Feldern unterstützen.

In einer immer stärker fragmentierten Bildungslandschaft mit verschiedenen Formen des konfessionellen Religionsunterrichts innerhalb eines Bundeslands und verschiedenen Religionsunterrichten im bundesweiten Vergleich kann hieraus ein Plädoyer für eine strategische Kollaboration regional und inhaltlich verschiedener Projekte abgeleitet werden, von der nicht nur die Projekte selbst, sondern auch der Religionsunterricht nur profitieren kann.

Literatur

Geisler, Alissa/Sajak, Clauß Peter (2024): Das Projekt KathReliOnline. Eine religionspädagogische Evaluation. In diesem Band, S. 29–63.

Klausner, Nico (2022): Brandenburgische Schulen in Wolken. Eine empirische Untersuchung zur Nutzung der HPI Schul-Cloud an weiterführenden Schulen in Potsdam und Potsdam Mittelmark für den Distanzunterricht. Potsdam.

Universität Tübingen (Hg.) (2024): Begleitforschung Schul-Cloud. Online verfügbar unter: https://uni-tuebingen.de/fakultaeten/wirtschafts-und-sozialwissenschaftliche-fakultaet/faecher/fachbereich-sozialwissenschaften/erziehungswissenschaft/abteilungen/schu

lpaedagogik/forschung/forschungsprojekte/begleitforschung-schul-cloud/. (Zuletzt geprüft am 21.02.2024).

Literaturverzeichnis

Bertelsmann-Stiftung (Hg.) (2019): Megatrend-Report #1: The Bigger Picture. Wie Globalisierung, Digitalisierung und demographischer Wandel uns herausfordern. Online verfügbar unter: https://www.bertelsmann-stiftung.de/fileadmin/files/BSt/Publikationen/Graue Publikationen/Megatrend_Report_1_MT_The_Bigger_Picture_2019.pdf. (Zuletzt geprüft am 08.08.2023).

Bethge, Andrea/Jantowski, Andreas (2020): Sechzehn Tipps zur professionellen Beziehungsgestaltung im Kontext von Distanz und Digitalisierung, ThiLLM. Online verfügbar unter: https://www.schulportal-thueringen.de/tip/resources/medien/50691?dateiname=Inh_ThILLM_Publik_Beziehungsgestaltung.pdf. (Zuletzt geprüft am 21.02.2024).

Bistum Erfurt (2020): Das KathReliOnline-Projekt. Online verfügbar unter: https://www.bistum-erfurt.de/presse_archiv/nachrichtenarchiv/detail/das_kathrelionline_projekt/ (Zuletzt geprüft am 16.08.2023).

Blume, Bob (2023): ChatGPT nur ein weiteres Werkzeug – 10 Thesen. Online verfügbar unter: https://bobblume.de/2023/03/09/diskussion-chatgpt-nur-ein-weiteres-werkzeug-10-thesen/. (Zuletzt geprüft am 26.10.2023).

Bornemann, Stefan (Hg.) (2011): Kooperation und Kollaboration. Das Kreative Feld als Weg zu innovativer Teamarbeit. Wiesbaden.

Brieden, Norbert/Mendl, Hans/Reis, Oliver/Roose, Hanna (Hg.) (2021): Digitale Praktiken (Religion lernen. Jahrbuch für konstruktivistische Religionsdidaktik 12). Babenhausen.

Comenius-Institut (Hg.) (2019). Evangelischer Religionsunterricht. Empirische Befunde und Perspektiven aus Baden-Württemberg, Niedersachsen und Sachsen. Münster.

Dechow, Jens/Lohrer, Jörg (2022): Evangelisches Bildungsverständnis und digitales Lernen. In: CI-Informationen 2022 H. 2, S. 3–4. Online verfügbar unter: https://comenius.de/wp-content/uploads/Ci-Info-2022-2_WEB.pdf. (Zuletzt geprüft am 30.10.2023).

Döbeli Honegger, Beat (2021): Covid-19 und die digitale Transformation in der Schweizer Lehrerinnen- und Lehrerbildung. In: Beiträge zur Lehrerinnen- und Lehrerbildung 39 H. 3, S. 412–422.

Domradio (Hg.) (2020): Digitalisierung in der Schule ist kein „Allheilmittel". Online verfügbar unter: https://www.domradio.de/audio/ein-interview-mit-martin-fahnroth-leiter-der-schulabteilung-im-bistum-erfurt-0. (Zuletzt geprüft am 15.08.2023).

Dietzsch, Andrea/Pfister, Stefanie (2022): Digitaler Religionsunterricht. Fachdidaktische Perspektiven und Impulse. Göttingen.

Fadel, Charles/Bialik, Maya/Trilling, Bernie (2017): Die vier Dimensionen der Bildung. Was Schülerinnen und Schüler im 21. Jahrhundert lernen müssen. Hamburg.

Fermor, Gotthard/Knauth, Thorsten/Möller, Rainer/Obermann, Andreas (2022): Dialog und Transformation. Auf dem Weg zu einer pluralistischen Religionspädagogik — Eine Einführung. In: Fermor, Gotthard/Knauth, Thorsten/Möller, Rainer/Obermann, Aandreas (Hg.) (2022): Dialog und Transformation: Pluralistische Religionspädagogik im Diskurs. Münster, S. 11–73.

Filk, Christian (2019). „Onlife"-Partizipation für alle! - Plädoyer für eine inklusiv-digitale Bildung. In: Burow, Olaf-Axel (Hg.) (2019): Schule digital - wie geht das? Weinheim, S.61–81.

Geisler, Alissa (2022): Religionsunterricht in einer Kultur der Digitalität. In: Engagement 30 H. 3, S. 175–180.

Günther, Julia (2020): KathReliOnline – Neues wagen! In: Tomberg, Markus/Verburg, Winfried (Hg.) (2020): RU 4.0. Religiöse Bildung und Digitalisierung. Dokumentation des 15. Arbeitsforums für Religionspädagogik. Fulda, S. 100–112.

Heger, Johannes (2020): Digital, medial, egal? Religiöse Kompetenz angesichts einer mediatisierten Welt. In: Tomberg, Markus/Verburg, Winfried (Hg.) (2020): RU 4.0. Religiöse Bildung und Digitalisierung. Dokumentation des 15. Arbeitsforums für Religionspädagogik. Fulda, S. 33–60.

Hoffmann, Markus (2022): Unterrichtsphasen begründet gestalten. In: Hoffmann, Markus/Otten, Gabriele/Sajak, Clauß Peter (Hg.) (2022): Schritt für Schritt zum guten Religionsunterricht. Praxisbuch für Studium, Referendariat und Berufseinstieg. Seelze, S. 97–123.

Hunze, Guido (2021): Technisches Upgrade oder soziokulturelle Transformation? Warum Digitalisierung mehr als der Einsatz digitaler Medien in der Lehre ist. In: Burke, Andree/Hiepel, Ludger/Niggemeier, Volker/Zimmermann, Barbara (Hg.) (2021): Theologiestudium im digitalen Zeitalter. Stuttgart, S. 97–120.

Katholisch.de (Hg.) (2023): Bistum Erfurt hofft auf mehr Beteiligung an neuem Reliunterricht. Online verfügbar unter: htps://www.katholisch.de/artikel/46596-bistum-erfurt-hofft-auf-mehr-beteiligung-an-neuem-reli-unterricht. (Zuletzt geprüft am 26.10.2023).

Katholisch.de (Hg.) (2019): „KathReliOnline“ ist Modellprojekt des Bistums Erfurt. Bodo Ramelow will zügige Umsetzung von Online-Religionsunterricht. Online verfügbar unter: https://www.katholisch.de/artikel/21889-bodo-ramelow-will-zuegige-umsetzung-von-online-religionsunterricht. (Zuletzt geprüft: 15.08.2023).

Kirchenamt der EKD (Hg.) (2022). Evangelischer Religionsunterricht in der digitalen Welt. Ein Orientierungsrahmen. EKD-Texte 140. Hannover. Online verfügbar unter: https://www.ekd.de/ekd_de/ds_doc/ekd-texte_140_2022.pdf. (Zuletzt geprüft am 03.11.2023).

Klausner, Nico (2022): Brandenburgische Schulen in Wolken. Eine empirische Untersuchung zur Nutzung der HPI Schul-Cloud an weiterführenden Schulen in Potsdam und Potsdam Mittelmark für den Distanzunterricht. Potsdam.

Kultusministerkonferenz (Hg.) (2016): Bildung in der digitalen Welt. Strategie der Kultusministerkonferenz. Online verfügbar unter: https://www.kmk.org/fileadmin/Dateien/pdf/PresseUndAktuelles/2018/Digitalstrategie_2017_mit_Weiterbildung.pdf. (Zuletzt geprüft am 09.08.2023).

Kultusministerkonferenz (Hg.) (2021): Lehren und Lernen in der digitalen Welt. Die ergänzende Empfehlung zur Strategie „Bildung in der digitalen Welt“. Online verfügbar unter: https://www.kmk.org/fileadmin/veroeffentlichungen_beschluesse/2021/2021_12_09-Lehren-und-Lernen-Digi.pdf. (Zuletzt geprüft am 21.12.2023).

Mayring, Philipp (2022): Qualitative Inhaltsanalyse. Grundlagen und Techniken. Weinheim.

Nord, Ilona (2017): Religionspädagogik in einer mediatisierten Welt: Einige grundlegende Überlegungen aus deutscher Perspektive. In: Dies./Zipernovszky, Hanna: Religionspädagogik in einer mediatisierten Welt. Religionspädagogik innovativ 14. Stuttgart, S. 26–40.

Nord, Ilona (2021): Religiöse Sozialisation von Jugendlichen in mediatisierter Welt. Ausgangsfragen und Zielsetzungen. In: Beck, Wolfgang/Nord, Ilona/Valentin, Joachim (Hg.) (2021): Theologie und Digitalität. Ein Kompendium. Freiburg im Breisgau, S. 257–280.

Nord, Ilona/Petzke, Judith (Hg.) (2023): Religionsdidaktik diversitätsorientiert und digital. Praxishandbuch. Berlin.

Nord, Ilona/Zipernovszky, Hanna (Hg.) (2017): Religionspädagogik in einer mediatisierten Welt. Stuttgart.

Ostermann, Martin (2019): Das Beste aus zwei Welten. Blended Learning und Praxislernen. In: Ulrich Feeser-Lichterfeld/Kai G. Sander (Hg.) (2019): Studium trifft Beruf. Praxisphasen und Praxisbezüge aus Sicht einer angewandten Theologie. Ostfildern, S. 139–146.

Overmeyer, Heiko/Schoden, Patrick (2020): Form Follows Function – Gedanken zum Problem der religionspädagogischen Fortbildung unter dem Zeichen der Digitalität. In: Tomberg, Markus/Verburg, Winfried (Hg.) (2020): RU 4.0. Religiöse Bildung und Digitalisierung. Dokumentation des 15. Arbeitsforums für Religionspädagogik. Fulda, S. 150–164.

Palkowitsch-Kühl, Jens (2023): Digitale Medien im Religions- und Ethikunterricht. Bedingungsfaktoren für die Medienintegration an Schulen (Religionspädagogik innovativ 58). Stuttgart.

Pirker, Viera (2020): Religionspädagogik in der digitalen Transformation. In: Tomberg, Markus/Verburg, Winfried (Hg.) RU 4.0. Religiöse Bildung und Digitalisierung. Dokumentation des 15. Arbeitsforums für Religionspädagogik. Fulda, S. 12–32.

Pirker, Viera (2020): Die 4k neu f.r.a.m.e.n. Religiöse Bildung im 21. Jahrhundert. Online verfügbar unter: https://www.lehren-und-lernen.ch/die-4k-neu-f-r-a-m-e-n-religioese-bildung-im-21-jahrhundert/#4K. (Zuletzt geprüft am 02.08.2023).

Pirner, Manfred (2018): Medienbildung und Medienkompetenz im Kontext religiöser Bildung. ERG.CH (Materialien zum Fach Ethik, Religionen, Gemeinschaft). Online verfügbar unter: https://www.ethik-religionen-gemeinschaft.ch/pirner-medienbildung-und-medienkompetenz/?print=pdf. (Zuletzt geprüft am 09.08.2023).

Positionspapier (2016): Damit der Religionsunterricht in Deutschland zukunftsfähig bleibt. Online verfügbar unter: https://comenius.de/wp-content/uploads/2017/03/Positionspapier_zukunftsfaehiger-RU_Unterschriften_Stand_2016_12_16.pdf. (Zuletzt geprüft am 03.11.2023).

Puentedura, Ruben R. (2016): The SAMR Model. Technological Integration into Higher Education. Online verfügbar unter: SAMRModel_TechnologicalIntegrationIntoHigherEducation.key (hippasus.com). (Zuletzt geprüft am 10.08.2023).

Rahner, Karl (2021): Gotteserfahrung heute. Freiburg.

Reelfs, Dirk (2022): Pilotstudie in Ostsachsen: Drei Gymnasien erproben Hybridunterricht. Online verfügbar unter: https://www.bildung.sachsen.de/blog/index.php/2022/11/22/pilotstudie-in-ostsachsen-drei-gymnasien-erproben-hybridunterricht/. (Zuletzt geprüft am 31.10.2023).

Rolff, Hans-Günter/Tünken, Ulrich (2020): Digital gestütztes Lernen. Praxisbeispiele für eine zeitgemäße Schulentwicklung. Weinheim.

Sajak, Clauß Peter/Feindt, Andreas (2012): Räume zur selbsttätigen Aneignung schaffen. Zur Signatur kompetenzorientierter Unterrichtsgestaltung im Religionsunterricht. In: TheoWeb. Zeitschrift für Religionspädagogik 11, S. 164–178.

Sekretariat der Deutschen Bischofskonferenz (Hg.) (2017): Der Religionsunterricht vor neuen Herausforderungen. Bonn.

Sekretariat der Deutschen Bischofskonferenz (Hg.) (2016): Medienbildung und Teilhabegerechtigkeit. Impulse der Publizistischen Kommission der Deutschen Bischofskonferenz zu den Herausforderungen der Digitalisierung (Arbeitshilfen 288). Bonn.

Sekretariat der Ständigen Konferenz der Kultusminister der Länder in der Bundesrepublik Deutschland (Hg.) (2022): Lehrkräfteeinstellungsbedarf und -angebot in der Bundesrepublik Deutschland 2021–2035. Zusammengefasste Modellrechnungen der Länder. Statistische Veröffentlichungen der Kultusministerkonferenz, Dokumentation Nr. 233. Online verfügbar unter: https://www.kmk.org/fileadmin/Dateien/pdf/Statistik/Dokumentationen/Dok_233_Bericht_LEB_LEA_2021.pdf. (Zuletzt geprüft am 02.11.2023).

Stalder, Felix (2016): Kultur der Digitalität. Berlin.

Ständige Wissenschaftliche Kommission der Kultusministerkonferenz (SWK) (2023): Empfehlungen zum Umgang mit dem akuten Lehrkräftemangel. Stellungnahme der Ständigen Wissenschaftlichen Kommission der Kultusministerkonferenz (SWK). Online verfügbar unter: http://dx.doi.org/10.25656/01:26372. (Zuletzt geprüft am 02.11.2023).

Thüringer Landtag (2022): Landtagsdrucksache 7/6573. Online verfügbar unter: https://beteiligtentransparenzdokumentation.thueringer-landtag.de/7-6573/. (Zuletzt geprüft am 06.02.2024).

Universität Tübingen (Hg.) (2024): Begleitforschung Schul-Cloud. Online verfügbar unter: https://uni-tuebingen.de/fakultaeten/wirtschafts-und-sozialwissenschaftliche-fakultaet/faecher/fachbereich-sozialwissenschaften/erziehungswissenschaft/abteilungen/schulpaedagogik/forschung/forschungsprojekte/begleitforschung-schul-cloud/. (Zuletzt geprüft am 21.02.2024).

Zimmermann, Mirjam/Riegel, Ulrich (Hg.) (2021): Working Paper 3. Forschungsbericht zur Befragung der Lehrpersonen. Online verfügbar unter: https://www.unisiegen.de/phil/eval_kokoru_nrw/eval_kokoru_nrw-forschungsbericht_lehrpersonen.pdf. (Zuletzt geprüft am 26.10.2023).

Autorinnen und Autoren

Matthias Cameran entwickelt als Referent im Bistum Limburg und Redaktionsmitglied des Eulenfisch praxisrelevante Projekte für die Religionspädagogik in der digitalen Welt.

Dr. Jens Dechow ist Direktor des Comenius-Instituts – Evangelische Arbeitsstätte für Erziehungswissenschaft e.V.

Dr. Martin Fahnroth war als Leiter der Schulabteilung im Bischöflichen Ordinariat Erfurt bis 2024 zuständig für den Religionsunterricht und die katholischen Schulen im Bistum Erfurt.

Alissa Geisler ist als wissenschaftliche Mitarbeiterin am Institut für Religionspädagogik und Pastoraltheologie an der Katholisch-Theologischen Fakultät der Universität Münster tätig.

Daniel Meyer zu Gellenbeck ist Referent für Religionspädagogik im Bischöflichen Generalvikariat Münster.

Julia Günther ist Referentin für Medienbildung mit dem Schwerpunkt der fachlichen Weiterentwicklung der Thüringer Schulcloud am Thüringer Institut für Lehrerfortbildung, Lehrplanentwicklung und Medien und Lehrerin im Projekt *KathReliOnline*.

Brigitta Krause war bis 2023 als Oberstudienrätin Landesfachberaterin für Katholische Religionslehre und Fachlehrerin für Deutsch und Katholische Religionslehre am Gymnasium.

Dr. Martin Ostermann war bis 2024 Leiter der Fachstelle 5.MD – Medien und Digitalität des Erzbistums München und Freising.

Dr. Heiko Overmeyer ist Theologischer Referent in der Abteilung Religionspädagogik, Bischöfliches Generalvikariat Münster, und Lehrer für die Fächer Katholische Religionslehre und Geschichte.

Prof. Dr. Clauß Peter Sajak ist Gymnasiallehrer und lehrt seit 2008 als Professor für Religionspädagogik an der Katholisch-Theologischen Fakultät der Universität Münster.

Anhang

Fragebogen

Befragung der Schülerinnen und Schüler im Projekt *KathReliOnline*

Liebe Schülerin, lieber Schüler,

auf den folgenden Seiten finden Sie einige Fragen und Aussagen über Ihren Religionsunterricht im Projekt *KathReliOnline*, um deren Beantwortung bzw. Vervollständigung wir Sie bitten.

Die Professur für Religionspädagogik und Didaktik des Religionsunterrichts der Westfälischen Wilhelms-Universität Münster begleitet das Projekt *KathReliOnline* wissenschaftlich. In diesem Rahmen ist es uns sehr wichtig, mehr darüber zu erfahren, wie Sie als Schülerinnen und Schüler den Religionsunterricht im *Blended Learning*-Format erleben und bewerten.

Die Teilnahme an dieser Befragung ist freiwillig. Bei einer Nichtteilnahme entstehen Ihnen keine Nachteile. Wir würden uns aber sehr über Ihre Teilnahme freuen, denn jeder ausgefüllte Fragebogen verbessert die wissenschaftliche Qualität der Daten.

Diese Befragung ist anonym, Sie können also sicher sein, dass Ihre Angaben vertraulich behandelt werden.

Machen Sie bitte bei der zutreffenden Antwort ein deutliches Kreuz und schreiben Sie im Kontext offener Fragen Ihre Antwort auf die Linien.

Vielen Dank für Ihre Mitarbeit!

Jahrgang 9   ☐

Jahrgang 10   ☐

Jahrgang 11   ☐

Jahrgang 12   ☐

Nr.: _____

Hatten Sie in Ihrer Schulzeit durchgehend katholischen Religionsunterricht?

□ ja   □ nein

Falls Sie im Laufe Ihrer Schulzeit bereits am Religionsunterricht teilgenommen haben, wie war dieser organisiert?

schul-übergrei-fend	jahr-gangs-übergrei-fend	einstün-dig	zwei-stündig	am Vor-mittag	am Nach-mittag	andere Organisa-tion (hier ergän-zen):
□	□	□	□	□	□	

Wo fand der Unterricht statt?

Schulgebäude	Gemeindehaus	anderer Ort (hier ergänzen):
□	□	

Welcher Konfession gehören Sie an?

römisch-katholisch	evangelisch	orthodox	konfessionslos
□	□	□	□

Warum haben Sie sich für eine Teilnahme am Projekt *KathReliOnline* entschieden?

_____

_____

_____

_____

Wie haben Sie vom Projekt *KathReliOnline* erfahren?

_____

_____

_____

Wer hat Sie bei der Anmeldung beraten bzw. unterstützt?

_____

_____

_____

Technische Ausstattung					
	sehr gut	gut	mittel	weniger gut	schlecht
Die Arbeit mit dem iPad funktioniert	☐	☐	☐	☐	☐
Die Arbeit mit der Software (installierte Apps wie Keynotes etc.) funktioniert	☐	☐	☐	☐	☐
Die Arbeit mit der Schulcloud funktioniert	☐	☐	☐	☐	☐

Medieneinsatz					
	stimme voll zu	stimme zu	neutral	stimme nicht zu	stimme überhaupt nicht zu
Im Religionsunterricht nutzen wir verschiedene digitale Medien.	☐	☐	☐	☐	☐
Der Einsatz digitaler Medien eröffnet mir neue Lernmöglichkeiten.	☐	☐	☐	☐	☐
Es motiviert mich, digitale Medien im Religionsunterricht zu nutzen.	☐	☐	☐	☐	☐

Selbstlernphasen					
	stimme voll zu	stimme zu	neutral	stimme nicht zu	stimme überhaupt nicht zu
In den Selbstlernphasen organisiere ich meine Arbeitsprozesse eigenständig ohne Probleme.	☐	☐	☐	☐	☐
Den Arbeitsumfang in den Selbstlernphasen empfinde ich als angemessen.	☐	☐	☐	☐	☐
Ich weiß, was in den Selbstlernphasen konkret von mir gefordert wird.	☐	☐	☐	☐	☐
Die eigenständige Arbeit in den Selbstlernphasen bereitet mir Spaß.	☐	☐	☐	☐	☐
Ich fühle mich durch die Arbeitsanforderungen in den Selbstlernphasen überfordert.	☐	☐	☐	☐	☐
Die Arbeitsanforderungen in den Selbstlernphasen empfinde ich als zu gering.	☐	☐	☐	☐	☐

Ich wünsche mir in den Selbstlernphasen intensivere Hilfestellung der Lehrkraft.	☐	☐	☐	☐	☐

Videokonferenzen

	stimme voll zu	stimme zu	neutral	stimme nicht zu	stimme überhaupt nicht zu
Die Videokonferenzen unterstützen mich sinnvoll bei der Vertiefung des Lernstoffes.	☐	☐	☐	☐	☐
Für meinen Lernprozess empfinde ich die Videokonferenzen nicht als hilfreich.	☐	☐	☐	☐	☐
Ich beteilige mich regelmäßig in den Videokonferenzen.	☐	☐	☐	☐	☐
Das Gesprächsklima in den Videokonferenzen empfinde ich als angenehm.	☐	☐	☐	☐	☐
Die Dauer der Videokonferenzen ist meiner Meinung nach angemessen.	☐	☐	☐	☐	☐

Die Häufigkeit der Videokonferenzen ist meiner Meinung nach angemessen.	☐	☐	☐	☐	☐

Rückmeldung					
	stimme voll zu	stimme zu	neutral	stimme nicht zu	stimme überhaupt nicht zu
Ich erhalte von der Lehrkraft regelmäßig Rückmeldungen zu meinen Lernprodukten.	☐	☐	☐	☐	☐
Ich erhalte von der Lehrkraft regelmäßig Rückmeldungen zu meiner Beteiligung.	☐	☐	☐	☐	☐
Ich erhalte regelmäßig Rückmeldungen von meinen Mitschülerinnen und Mitschülern zu meinen Lernprodukten.	☐	☐	☐	☐	☐
Ich erhalte regelmäßig Rückmeldungen von meinen Mitschülerinnen und Mitschülern zu meiner Beteiligung.	☐	☐	☐	☐	☐

Ich wünsche mir ausführlichere Rückmeldungen von der Lehrkraft.	☐	☐	☐	☐	☐
Ich wünsche mir ausführlichere Rückmeldungen von meinen Mitschülerinnen und Mitschülern.	☐	☐	☐	☐	☐

Lernprozesse					
	sehr gut	gut	mittel	ausreichend	nicht ausreichend
Meine Zusammenarbeit mit Mitschülerinnen und Mitschülern im digitalen Raum bewerte ich als	☐	☐	☐	☐	☐
Meinen erworbenen inhaltlichen Überblick über die Themen des Religionsunterrichts bewerte ich als	☐	☐	☐	☐	☐
Den Ausbau meiner Kompetenzen im Umgang mit digitalen Medien bewerte ich als	☐	☐	☐	☐	☐

Falls Sie vor Ihrer Teilnahme an *KathReliOnline* regulären Religionsunterricht (in Präsenz) hatten, was hat Ihnen daran besonders gut
gefallen?

_____

_____

_____

_____

_____

Was gefällt Ihnen besonders gut am Religionsunterricht im Projekt
KathReliOnline?

_____

_____

_____

_____

_____

Können Sie sich vorstellen, dass das Blended Learning-Format wie im Projekt *KathReliOnline* auch in anderen Fächern und/oder Unterrichtssituationen angewendet werden kann?

Bitte begründen Sie dies kurz und geben Sie an, für welche Fächer und/oder Unterrichtssituationen Sie sich das ggf. vorstellen können.

_____

_____

_____

_____

Was möchten Sie uns noch mitteilen?

_____

_____

_____

_____

Interviewleitfaden für die Befragung der Unterrichtenden im Projekt *KathReliOnline*

- Wie haben Sie den *KathReliOnline*-Religionsunterricht im letzten Jahr erlebt?

- Wie zufrieden sind Sie mit der technischen Ausstattung im Rahmen von *KathReliOnline*?

- Falls unzufrieden: Was behindert ihre Arbeit? Welche Verbesserungen würden Sie sich wünschen?

- Wie würden Sie Ihren Arbeitsaufwand im Rahmen von *KathReliOnline* beschreiben?

- Was ist bei der Unterrichtsvorbereitung für den Unterricht im Blended Learning-Format zusätzlich oder anders zu berücksichtigen im Vergleich mit Unterrichtsvorbereitung für ‚regulären‘ Religionsunterricht?

- Welche Unterstützungsangebote für den Religionsunterricht im Blended Learning-Format haben Sie – bspw. online oder durch Schulbuchverlage – vorgefunden?

- Sind Sie mit den Videokonferenzen in der jetzigen Form zufrieden? Falls ja, warum? Falls nicht: Welche Verbesserungen würden Sie sich wünschen?

- Wie erleben Sie die Kommunikation mit den Schülerinnen und Schülern?

- Welche Verbesserungen würden Sie sich hier wünschen?

- Welche Chancen sehen Sie im Unterrichten im Blended Learning-Format im Fach katholische Religionslehre?

— Welche Herausforderungen ergeben sich durch das Unterrichten im Blended Learning-Format im Fach katholische Religionslehre?

— Wie haben sich aus Ihrer Sicht religiöse Lernprozesse durch den Online-Unterricht verändert?

— Was ist aus Ihrer Sicht notwendig, um religiöses Lernen im digitalen Modus zu verbessern?

— Frau Günther: Sie haben an der inhaltlichen Konzipierung von *KathReliOnline* mitgewirkt, arbeiten als Lehrerin im Projekt und beschäftigen sich im ThILLM mit der Frage nach einer möglichen Übertragbarkeit des *KathReliOnline*-Modells auf andere Fächer. Wie haben Sie die Arbeit in diesen verschiedenen Kontexten und in ihrem Zusammenspiel erlebt?

Vielen Dank!